Agresores sexuales

Ariel

Centro Reina Sofía
para el Estudio
de la Violencia

ESTUDIOS SOBRE VIOLENCIA

William L. Marshall

Agresores sexuales

Con la colaboración de
GERIS A. SERRAN y YOLANDA M. FERNÁNDEZ

Ariel

Cubierta: Vicente Morales

1.ª edición: abril 2001

© 2001: William L. Marshall, Geris A. Serran
y Yolanda M. Fernández
© 2001: Centro Reina Sofía
para el Estudio de la Violencia

Derechos exclusivos de edición en español
reservados para todo el mundo:
© 2001: Editorial Ariel, S. A.
Provença, 260 - 08008 Barcelona

ISBN: 84-344-7472-7

Depósito legal: B. 12.202 - 2001

Impreso en España

INTRODUCCIÓN

La agresión sexual ha estado presente en nuestras sociedades desde el principio de los tiempos, aunque casi todo el mundo piense que es un fenómeno nuevo debido a la gran atención que ha recibido durante estos últimos años. Los informes llevados a cabo en los últimos 30 y 40 años han puesto de manifiesto que un alto porcentaje de la población ha sufrido abuso sexual en algún momento de su vida. El problema alcanza tal magnitud, que incluso se han visto sorprendidas aquellas sociedades que abanderaron en su momento la lucha contra la agresión sexual hasta lograr elevarla a la categoría de problema público. Y, antes de que esto sucediera, casi todos los ciudadanos pensaban que el abuso sexual era un fenómeno que concernía únicamente a otras sociedades, pero no a la suya. De hecho, tras hacerse pública la realidad del problema, ciertos sectores como, por ejemplo, la clase alta o los profesionales, siguieron manteniendo firmemente que el abuso sexual no se daba en su grupo. Hoy en día, sin embargo, sabemos que la agresión sexual está presente en todos los sectores de la sociedad sin excepción, aunque nuestro sistema de justicia no trate por igual a todos ellos. También sabemos que la imagen de monstruo que tenemos del agresor sexual no es del todo cierta porque, aunque algunos agresores sexuales encajan perfectamente en este perfil, la

mayoría son difíciles de distinguir del resto de personas, excepto por el hecho de que muchos de ellos son
hombres (el 95%, o incluso más).

¿Qué podemos hacer frente a este problema tan ge-
neralizado y devastador?

Una de las respuestas más comunes ha sido dispensarles un tratamiento severo. En términos generales,
Estados Unidos ha adoptado esta actitud punitiva hacia todos los criminales, incluidos los agresores sexuales. Sin embargo, su índice de criminalidad sigue siendo alto. Parece, pues, que con este tipo de respuestas
no se alcanzan los resultados deseados. ¿Qué debemos
hacer, entonces? En nuestra opinión, deberíamos intentar entender a los agresores sexuales —aunque sus
actos nos parezcan repulsivos— para diseñar estrategias preventivas que nos permitan dispensarles tratamiento psicológico y, así, reducir el riesgo de reincidencia. La mayoría de agresores sexuales es suscepti-
ble de cambiar y de reintegrarse en la sociedad si se
les da una oportunidad. Y digo la mayoría porque es
indudable que también existe un pequeño grupo de
agresores sexuales que agreden repetidas veces, e incluso matan, a sus víctimas.

De ahí que, además de mantener el encarcelamiento como respuesta a la agresión sexual, debamos comenzar a desarrollar tratamientos efectivos que nos
permitan prevenir agresiones futuras. Y estos tratamientos sólo pueden provenir del estudio científico del
comportamiento de estos individuos y, por tanto, de la
investigación. Muchos países han comenzado a desarrollar programas de tratamiento para agresores sexuales. Un modelo paradigmático de esto último es el
programa de la prisión de Picassent que tuve la oportunidad de visitar en Valencia, en 1999.

Como hemos indicado anteriormente, la única forma de afrontar este problema es acercarse a él de la
forma más humana posible y, al mismo tiempo, tratar

de proteger a los ciudadanos inocentes. Esperamos que este libro contribuya a extender la creencia de que el problema se puede atajar. La solución al mismo, en cualquier caso, deberá cimentarse en el estudio científico del comportamiento de los agresores sexuales, el apoyo a las víctimas y el tratamiento para los agresores. Combinado todo ello con una respuesta adecuada de la justicia penal.

En realidad, lo que pretendemos con este libro es exponer lo que ya sabemos sobre la agresión sexual y los delincuentes sexuales y explicar detalladamente las últimas técnicas que se emplean para abordar el problema. El resto de esta introducción les aportará una visión generalizada sobre el libro.

Como observaremos más adelante, la agresión sexual representa un problema social muy grave. Demasiadas mujeres y niños inocentes (y a veces también hombres adultos) sufren los efectos de la agresión sexual, así que debemos tomar medidas para hacer de nuestras sociedades lugares más seguros. En este libro se harán varias sugerencias al respecto, pero su principal foco será el estudio científico y el tratamiento de los agresores para que la reincidencia sea cada vez menor.

Sabemos que hay fuerzas e influencias biológicas que actúan sobre el comportamiento humano y que afectan a la actividad sexual, al igual que influyen en el funcionamiento del hombre. Por ejemplo, en los varones el impulso sexual y la tendencia a la agresión parecen tener su base en las mismas áreas del cerebro. El sistema hormonal que activa el sexo también desempeña un papel importante en la agresión. Es cierto que la motivación en relación con el comportamiento sexual es innata. Sin embargo, la experiencia parece ser determinante a la hora de escoger la dirección que toma esa motivación sexual. Al respecto cabría preguntarse, entonces, ¿qué experiencia dirige los intereses de algunos individuos hacia una inclinación desviada cuando la mayoría desarrollan unos intereses sexuales adecuados? Aunque la respuesta no está del todo clara, existen evidencias que pueden orientarnos sobre este asunto.

Una cuestión determinante es la forma en que los padres se relacionan con sus hijos. Aquellos padres que les muestran amor y se comportan de manera socialmente adecuada pueden tener la certeza de que sus hijos crecerán con las habilidades y la confianza necesaria para afrontar los problemas y desarrollar su propio potencial de manera constructiva. Por su parte, los padres que rechacen o maltraten a sus hijos, ya sea emocional, física o sexualmente, no les prepararán para afrontar la vida. Estos niños crecerán convirtiéndose en adultos vulnerables, capaces de desarrollar alguno de los muchos comportamientos anómalos, incluidos los actos sexuales desviados, dependiendo de otras experiencias que hayan tenido durante su niñez, adolescencia o madurez.

Las influencias sociales también desempeñan un papel importante en la aparición de la agresión sexual. Las actitudes despectivas hacia las mujeres y los niños llevan a los jóvenes vulnerables a comportarse antisocialmente y facilitan que utilicen a las mujeres y a los niños para satisfacer sus deseos frustrados. Existen estudios sobre diferentes culturas que muestran que los índices de abuso sexual son mucho más altos en aquellas sociedades en las que las mujeres y los niños son tratados como una propiedad que el hombre puede utilizar a su antojo.

Pero las experiencias de la vida y las influencias sociales, aunque nos afectan mucho a todos, no explican por sí solas la agresión sexual. Incluso un individuo vulnerable, antes de convertirse en un agresor sexual, deberá tener un estado de ánimo alterado (debido a múltiples factores como, por ejemplo, una situación estresante o encontrarse bajo los efectos del alcohol) y la oportunidad de agredir.

En este libro expondremos los conocimientos que actualmente se tienen acerca de los rasgos característicos de los agresores sexuales y de cómo evolucionan. Después, intentaremos integrar dichos conocimientos en una teoría sobre cómo los agresores sexuales podrían desarrollar su actividad delictiva.

En la ciencia el valor de una teoría no descansa sobre su veracidad únicamente, sino sobre otros dos aspectos: cómo se integra en el marco teórico existente y qué nuevas predicciones permite hacer. Este último rasgo es importante dado que, hasta que una teoría no genera nuevas ideas, no alcanza la influencia deseada. Desde principios de los años 80 hemos desarrollado nuestra teoría sobre la agresión sexual y analizado experimentalmente diversos aspectos relativos a ella. Esta teoría ha dado lugar a aproximadamente cien ponencias por nuestra parte y a otras muchas por parte de otros investigadores. Asimismo, las teorías de otros científicos han generado diversas investigaciones. Como resultado, hoy en día tenemos un mayor conocimiento sobre el tema, lo que facilita nuestro trabajo a la hora de diseñar estrategias preventivas, de valorar los futuros riesgos de la agresión sexual y, finalmente, de tratar eficazmente a estos individuos para poder reducir el riesgo de reincidencia.

Para que un programa de tratamiento de agresores sexuales sea eficaz es necesario haber estudiado científicamente estos delincuentes. Este tipo de estudios científicos surgieron por vez primera a finales del siglo XIX, con la publicación de los libros: *Psychopathic Sexualis* (1886) de Richard von Krafft-Ebings, *Perversions* (1891) de Albert Moll y, finalmente, *Three Essays on the Theory of Sexuality* (1905) de Sigmund Freud. A pesar de estos prometedores comienzos, los inicios de este área no estuvieron presididos por el rigor, hasta que a finales de los años 60 apareció un nuevo foco de investigación sobre el tema que se ha mantenido hasta nuestros días.

Desde 1929 hasta 1959, miles de hombres fueron condenados por agresión sexual (en algunos casos se trataba de una homosexualidad consentida, dado que esta conducta era ilegal en aquellos tiempos). Algunos de ellos fueron castrados en diversos países europeos, como se hacía anteriormente en Estados Unidos. La evaluación de los resultados de esta práctica indicaron que las tasas de reincidencia eran sustancialmente más bajas que las de agresores no tratados (Sturup, 1972). La ética y un análisis detallado del tema (Heim y Hursch, 1979), sin embargo, pusieron de manifiesto que la castración no era un método aceptable y, en la actualidad, ya no se utiliza en la mayoría de países.

Un procedimiento médico alternativo ha sido la castración química, en la que se emplean fármacos que reducen la producción o captación celular de testosterona (Berlin y Meinecke, 1981). Los llamados agentes antiandrógenos han resultado ser efectivos en la reducción del impulso sexual y, por consiguiente, proporcionan al agresor sexual un mayor grado de control sobre su propensión a abusar de otras personas (Bradford, 1990). Al respecto, se ha evidenciado que la administración de antiandrógenos, junto con el tratamiento psicológico reduce notablemente la tasa de reincidencia (Marshall, Jones, Ward, Johnston y Barbaree, 1991). Más recientemente también se ha demostrado que el grupo de fármacos conocido como «inhibidores de la recaptación selectiva de serotonina» ofrecen a los agresores sexuales un mayor control sobre sus impulsos desviados (Greenberg y Bradford, 1997).

A pesar del éxito de las intervenciones médicas, los esfuerzos por desarrollar tratamientos para los delincuentes sexuales se han concentrado, principalmente, en las técnicas psicológicas. Además, los fármacos rara vez son considerados efectivos por sí solos y son administrados, normalmente, junto con el tratamiento psicológico. Este tipo de tratamiento está ideado para dotar a los agresores, a largo plazo, de las habilidades necesarias para dirigir sus vidas sin reincidir. La medicación sirve, esencialmente, para facilitar la implicación eficaz del cliente en el tratamiento psicológico.

De las teorías psicoanalíticas (Barnard, Fuller, Robbins y Shaw, 1989), desestimadas por ineficaces, se siguieron una serie de enfoques psicológicos (Grossman, 1985). Con el tiempo, además, se reemplazaron por el conductismo (Bancroft, 1974) y, posteriormente, por las intervenciones cognitivo-conductuales (Abel, Blanchard y Becker, 1978; Marshall, Earls, Segal y Darke, 1983). Los programas de tratamiento cognitivo-conductual han mostrado su eficacia en la reducción del número de agresores sexuales que reinciden tras ser puestos en libertad o después del tratamiento (Marshall y otros, 1999). El hecho de que hayan sido descritos detalladamente de forma que otras personas puedan aplicarlos ha contribuido a su extensión en todo el mundo (Estados Unidos, Canadá, Nueva Zelanda, Australia, Gran Bretaña, Irlanda, Sudáfrica, los Países Bajos y, finalmente, Bélgica) y, en España, se ha puesto en marcha tanto en las prisiones como fuera de ellas.

Con la creciente expansión por todo el mundo de estos eficaces programas de tratamiento cabe esperar una reducción del número de víctimas de agresión sexual en el futuro. No obstante, estos esperanzadores resultados sólo afectarán a un número limitado de víctimas potenciales (las de aquellos delincuentes que hayan sido tratados), ya que, en la actualidad, de las ventajas del tratamiento no pueden disfrutar los agresores que no hayan sido identificados por el sistema legal.

Tampoco se ha hecho mucho por prevenir la agresión sexual en la sociedad en general. Nos queda, por tanto, mucho camino por recorrer en lo que se refiere al tratamiento idóneo de este grave problema. Sólo cuando los gobiernos emprendan acciones exhaustivas y los ciudadanos rechacen las actitudes y comportamientos que facilitan la agresión sexual podrán tener lugar los verdaderos cambios. Aunque la agresión sexual sea llevada a cabo por individuos con un comportamiento desviado, tenemos la obligación de participar en estos cambios. Esperamos que este libro proporcione consejos sobre cuáles son los esfuerzos que debemos realizar y hacia dónde debemos dirigirlos.

Referencias bibliográficas

Abel, G. G.; Blanchard, E. B. y Becker. J. V. (1978): «An integrated treatment program for rapist», en R. Rada (ed.), *Clinical aspects of the rapist*, Nueva York, Grune y Stratton, pp. 161-214.

Bancroft, J. (1974): *Deviant sexual behaviour*, Oxford, Clarendon Press

Barnard, G. W.; Fuller, A. K.; Robbins, L. y Shaw, T. (1989): *The child molester: An integrated approach to evaluation and treatment*, Nueva York, Brunner/Mazel.

Berlin, F. S. y Meinecke, C. F. (1981): «Treatment of sex offenders with antiandrogenic medication: Conceptualization, review of treatment modalities, and preliminary findings», *American Journal of Psychiatry*, 138, pp 601-607.

Bradford, J. M. W. (1990): «The antiandrogen and hormonal treatment of sex offenders», en W. L. Marshall, D. R. Laws y H. E. Barbaree (eds.), *Handbook of sexual assault: Issues, theories, and treatment of the offender*, Nueva York, Plenum Press, pp. 297-310.

Freud, S. (1905): «Three essays on the theory of sexuality», en J. Strachey (ed. y trad.), *The standard edition of the complete psychological works of Sigmund Freud* (1955); Londres: Hogarth Press, vol. 7, pp. 123-243.

Greenberg, D. M. y Bradford, J. M. W. (1997): «Treatment of the paraphilic disorders: A review of the role of the selective serotonine reuptake inhibitors», *Sexual Abuse: a Journal of Research and Treatment*, 9, pp. 349-360.

Grossman, L. S. (1985): «Reseach direction in the evaluation and treatment of sex offenders: An analysis», *Behavioral Sciences & Law*, 3, pp. 421-440.

Heim, N. y Hursch, C. J. (1979): «Castration for sex offenders: Treatment or punishment? A review and critique of recent European literature», *Archives of Sexual Behavior*, 8, pp. 281-304.

Marshall, W. L.; Anderson, D. y Fernández, Y. M. (1999) *Cognitive behavioral traetment of sexual offenders*, Chichester, Inglaterra, John Wiley e hijos.

Marshall, W. L.; Earls, C. M.; Segal, Z. V. y Darke, J. (1983): «A behavioral program for the assesment and the treatment of sexual agressors», en K. Craig y R. McMahon (eds.), *Advances in clinical behaviour therapy*, Nueva York, Brunner/Mazel, pp. 148-174.

Marshall, W. L.; Jones, R.; Ward, T.; Johnston, P. y Barbaree, H. E. (1991): «Treatment outcome with sex offenders», *Clinical Psychology Review*, 11, pp. 465-485.

Moll, A. (1893): *Les perversions de l'instict genital. Étude sur l'inversion sexualle basee sur des documents officials*, París, G. Carre.

Sturup, G. K. (1972): «Castration: The total treatment», en H. L. P. Resnick y M. E. Wolfgang (eds.), *Sexual behaviors: Social, clinical and legal aspects*, Boston, Little Brown, pp. 361-382.

Von Krafft-Ebing, R. (1901): *Psychopathia sexualis*, Stuttgart, Ferdinand Enke.

CAPÍTULO 1

NATURALEZA Y ALCANCE
DEL DELITO SEXUAL
Y SU PREVENCIÓN

por W. L. MARSHALL y G. A. SERRAN*

* Geris Serran cursa en la actualidad el doctorado en la Universidad de Ottawa y es terapeuta del Programa sobre Agresores Sexuales de la Institución de Bath. Cuenta con varias publicaciones y su investigación se centra en las habilidades de afrontamiento en agresores sexuales.

1. Epidemiología

1.1. ABUSO SEXUAL INFANTIL

Los indicios apuntan a que la incidencia del abuso sexual infantil es muy alta. En 1998, Finkelhor y Lewis hicieron una encuesta en Estados Unidos entre una muestra de varones adultos (ninguno de ellos identificado como delincuente) en la que se les preguntaba si habían sufrido abuso sexual durante su infancia. ¡El 17% contestó que sí!

El Comité sobre Delitos Sexuales contra los Niños y los Jóvenes (*Committee on Sexual Offenses against Children and Youth*) (1984), por su parte, realizó encuestas a escala nacional en Canadá para determinar la frecuencia del abuso sexual infantil. Se llegó a la conclusión de que la mitad de las mujeres y la tercera parte de los hombres habían sido víctimas de abuso sexual y que más del 80% de estas agresiones se produjeron antes de que la víctima cumpliera 18 años. Además, el 70% de los hombres y el 62% de las mujeres estaban en la prepúbescencia cuando fueron agredidos. Encuestas parecidas realizadas en otros países han revelado cifras similares.

Los datos disponibles sobre la incidencia están basados en los casos denunciados a la policía o a los servicios de protección al menor, pero sólo representan una parte pequeña de los casos reales; sabemos que la mayoría de abusos no acaban en denuncia. Por ejemplo, el Estudio Nacional de Incidencia *(National*

Incidence Study) reveló que, de todos los casos de abuso sexual infantil identificados por una muestra de profesionales de Estados Unidos, menos de la mitad acabaron en denuncias formales. Este estudio incluía los informes de los servicios de protección del menor y los informes no oficiales de aquellos casos que llegaban a los profesionales. Tomando como base estos informes, los autores del Estudio Nacional de Incidencia calcularon que 133.619 niños fueron víctimas de abuso sexual en 1986, es decir, la incidencia fue de 2'11 por 1.000 niños (Cappelleri, Eckenrode y Powers, 1993). Asimismo, el Centro Nacional para el Abuso y Abandono Infantil *(National Center on Child Abuse and Neglect)* dio cuenta de aproximadamente 140.000 víctimas en 1993.

En estos estudios de prevalencia se preguntó a los adultos si habían sufrido abuso sexual durante su infancia. Estas investigaciones retrospectivas revelaron tasas de abuso sexual de entre el 7 y el 62% para las mujeres, y entre el 3 y el 16% para los hombres (Wurtele y Miller-Perrin, 1992). La disparidad entre cifras puede deberse a la existencia de diferentes definiciones de abuso sexual (por ejemplo, con contacto *vs* sin contacto), a la edad en la que se produjo el abuso, a las características de la muestra y, finalmente, a los métodos de recogida de datos. Finkelhor (1994), por su parte, afirma que si las estimaciones sobre la incidencia anual de abuso sexual en adultos son comparables con el abuso sexual infantil, se producen cada año aproximadamente 500.000 nuevos casos en Estados Unidos.

Como decíamos al principio de este capítulo, el término «abuso sexual infantil» abarca distintos tipos de comportamiento: las caricias, la introducción de objetos en la vagina o en el ano, el sexo oral, la masturbación frente a un niño, promover la prostitución de menores, obligar a los niños a presenciar escenas sexuales, y la penetración vaginal o anal con el pene. Christie, Marshall y Lanthier (1979) y Marshall y Christie (1981) informaron de que el 36% de los maltratadores de niños mantenían relaciones sexuales con sus víctimas. Aunque la penetración con el pene suele ser más habitual a partir de los 10 años del niño, existen casos de víctimas más jóvenes. Los agresores suelen proceder de todas las profesiones, razas y grupos étnicos. La mayoría de ellos son personas conocidas por la víctima y, muchas veces, adultos en los que el niño debería poder confiar (Marshall, Anderson y Fernández, 1999). Las víctimas de abuso, por su parte, lo son indistintamente de su sexo. El periodo de mayor vulnerabilidad para ambos sexos está entre los 7 y los 13 años de edad (Finkelhor, 1994), aunque un 25-35% de todos los niños víctimas de abuso sexual tiene menos de 7 años (Cupoli y Sewell, 1988; Eckenrode, Munsch, Powers y Doris, 1988).

1.2. Violación

Las agresiones sexuales contra adultos son cometidas casi exclusivamente por hombres, y la mayoría de las víctimas son mujeres, aunque también hay hombres (Stermac, Sheridan, Davidson y Dunn, 1996). La violación puede tener lugar en diferentes contextos: entre extraños, entre conocidos (colegas, vecinos, amigos de la familia, etc.), durante una cita o dentro del matrimonio.

Se considera violación desde un tocamiento sexual no permitido hasta la agresión sexual acompañada de violencia. En general, las violaciones que terminan en condena suelen ir acompañadas de violencia, humillaciones y degradaciones. Christie y otros (1979) hallaron que el 71% de los violadores cometen actos de violencia gratuita contra sus víctimas y Darke (1990) señaló que el 60% de los violadores cometen actos cuya intención es degradar a la víctima. Poco puede sorprendernos, pues, que los efectos de la violación sobre la víctima sean, muchas veces, extensos y devastadores (Koss y Harvey, 1991).

Los *Uniform Crime Reports* del FBI indican que hubo un aumento significativo en el número de violaciones hasta 1980, año en el que 71 de cada 1.000 mujeres fueron agredidas. Sin embargo, a partir de 1980 se produjo un ligero descenso hasta 1989, cuando las violaciones alcanzaron el nivel de 1980. Las estadísticas oficiales, no obstante, no reflejan la cifra real de violaciones. En primer lugar, porque no todas las víctimas presentan una denuncia y, en segundo, por los acuerdos que alcanzan fiscales y delincuentes en los que estos últimos se declaran culpables a cambio de que los primeros reduzcan los cargos. Koss (1990) estima que las cifras reales son 15 veces superiores a las que ofrece el FBI, de modo que —teniendo en cuenta que el número de denuncias es incompleto— anualmente pueden darse hasta dos millones de violaciones en Estados Unidos.

El que haya violaciones no denunciadas es un hecho muy importante. Russell (1984), por ejemplo, constató que de 930 mujeres entrevistadas, el 44% dijo haber sufrido una agresión sexual, pero sólo el 8% presentó una denuncia. En otro estudio, Koss, Gidcyz y Wisniewski (1987) hallaron que más de la mitad de una muestra nacional de 3.187 universitarias dijo haber sido victimizada sexualmente de una forma u otra después de cumplir 14 años, y 76 de cada 1.000 dijeron que las habían violado o intentado violar en los doce meses anteriores a la encuesta. Sobre la base de estas y otras muchas encuestas similares se ha calculado que aproximadamente el 25% de las mujeres estadounidenses serán violadas alguna vez durante su vida (Kilpatrick y Best, 1990), mientras que un 75%

serán víctimas de alguna forma de agresión sexual (Koss, 1985).

Marshall y Barrett (1990), utilizando datos oficiales de la policía y también el número de violaciones no denunciadas que la policía estima que se producen, concluyeron que cada siete minutos una mujer cana-diense adulta sufre una agresión sexual. Un estudio internacional sobre el crimen (Van Dijk y Mayhew, 1992) reveló las tasas de violación en países de Europa, Asia y el Pacífico Norte y Sur. En todos los casos, las tasas eran lo suficientemente altas como para ser preocupantes.

El número de casos de abuso sexual confirmado de cada estudio depende de muchos factores, como el tipo de abuso que se estudia (por ejemplo, con contacto *vs* sin contacto), la edad de las víctimas y los agresores, la muestra, el método de recogida de datos y el número de personas que responden a las preguntas (Haugaard y Reppucci, 1988). Sin embargo, por muy diferentes que sean las tasas publicadas, tanto el abuso sexual infantil como la violación de mujeres adultas son problemas sociales importantes y se impone la necesidad de tomar medidas para reducir su frecuencia.

2. Los efectos

Puesto que las estadísticas sobre incidencia y prevalencia indican que muchos niños y mujeres son víctimas de agresiones sexuales, es importante determinar cuáles son los efectos de este tipo de victimización. Las investigaciones ponen de manifiesto que tanto las víctimas como sus familias experimentan numerosos efectos a corto y largo plazo. Así, el abuso sexual puede ocasionar en la víctima un trauma que se prolongue durante mucho tiempo. Aunque las víctimas de abuso sexual pueden reaccionar de diferentes formas y sea difícil evaluar el resultado real a largo plazo, si revisamos la bibliografía existente sobre el tema, parece que hay un conjunto de síntomas comunes a todas ellas (Beitchman, Zucker, Hood, daCosta y Akman, 1991; Briere y Elliot, 1994; Browne y Finkelhor, 1986; Kendall-Tackett, Williams y Finkelhor, 1993).

2.1. Los efectos del abuso sexual infantil

Los niños y adolescentes víctimas de abuso sexual suelen tener cierta propensión a los sentimientos crónicos de ansiedad y miedo, depresión, ideación y comportamientos suicidas, e irritabilidad o sentimientos de ira. La ansiedad y la depresión también aparecen con frecuencia en las mujeres adultas que sufrieron abuso sexual durante su infancia. Los niños que han sufrido abuso sexual suelen distinguirse de los que no lo han sufrido porque muestran un comportamiento hipersexualizado. En el ámbito interpersonal, los niños víctimas de abuso sexual pueden caracterizarse por la falta o pérdida de habilidades sociales, la desconfianza, el miedo a la intimidad y porque suelen tener pocos amigos. Por su parte, los adultos y adolescentes que sufrieron abuso en la niñez presentan episodios frecuentes de promiscuidad o incluso falta de interés por el sexo. Es común, asimismo, que tengan problemas de conducta y dificultades para concentrarse y mantener la atención, así como problemas escolares y de aprendizaje. Quizá mientan o roben. En cuanto a las consecuencias físicas, pueden existir lesiones genitales, infecciones del tracto urinario, enfermedades de transmisión sexual, embarazos no deseados y dolores de diversa índole (pélvico, de cabeza, de estómago y dolores crónicos difusos). La *Traumagenic Dynamics Theory* (Finkelhor y Brown, 1985) explica los posibles efectos del abuso sexual sobre un niño. Este modelo tiene cuatro áreas de impacto: la sexualización traumática, la traición, la estigmatización y la impotencia.

— La sexualización traumática se refiere a la influencia del abuso en el desarrollo sexual del niño (comportamiento sexual agresivo o exagerado, disfunciones sexuales y confusión sobre la propia identidad sexual).

— La sensación de traición se debe, generalmente, a que el niño pierde la confianza que antes tenía porque el agresor es una persona adulta que el niño conoce y en quien debería poder confiar. Por esto, el niño puede tener dificultades para confiar en los demás, mostrar un comportamiento agresivo, retraerse socialmente, evitar el contacto con los que le rodean o tener dificultades para entablar relaciones íntimas.

— Si la revelación de lo sucedido hace que el entorno del niño reaccione con incredulidad, repugnancia o rechazo, tal vez experimente la estigmatización. Puede sentirse culpable, sucio o mal consigo mismo. Como resultado, quizá experimente sentimientos de baja autoestima, culpa o vergüenza; manifieste aislamiento o retraimiento; empiece a consumir alcohol o drogas y tenga problemas de comportamiento.

— También es posible que la víctima se sienta incapaz de poner fin al abuso y crea que ha perdido el control sobre su vida. Estos sentimientos de impotencia pueden causarle ansiedad, miedo, depresión, agresividad, comportamientos sexuales abusivos o identificación del niño con el agresor.

Se han realizado varias revisiones de los estudios que, hasta la fecha, se han llevado a cabo sobre los efectos del abuso sexual, tanto en niños como en adultos que lo sufrieron en su infancia (Browne y Finkelhor, 1986; Kendall-Tackett y otros, 1993). Kendall-Tackett y otros (1993) evaluaron 45 estudios cuantitativos de niños que sufrieron abuso sexual y descubrieron que, a diferencia de quienes no lo habían sufrido, los primeros mostraban más síntomas en relación con las siguientes áreas: miedo, trastorno por estrés postraumático, retraimiento, crueldad, delincuencia, comportamiento sexual inapropiado, regresión, fugas de casa, problemas de conducta en general y autolesiones. Ahora bien, aunque los síntomas manifestados por los niños víctimas de abuso sexual son muy similares a los de niños con otros problemas clínicos, los primeros desarrollan con mayor frecuencia el trastorno por estrés postraumático y comportamientos sexualizados.

También se suelen producir distintos síntomas dependiendo de la etapa de desarrollo en la que se encuentra el menor. Por ejemplo, los niños de preescolar suelen tener pesadillas, trastorno por estrés postraumático, lesiones físicas y comportamientos sexuales inapropiados. Los niños en edad escolar, por su parte, suelen presentar efectos como miedo, enfermedades mentales, agresiones, pesadillas, problemas escolares, hiperactividad y regresión. En cuanto a los adolescentes, a menudo muestran síntomas relacionados con la depresión, el retraimiento, el comportamiento suicida o las autolesiones, las actividades ilegales, las fugas de casa y el abuso de sustancias tóxicas, así como problemas escolares y de aprendizaje.

2.2. Los efectos de las agresiones sexuales en adultos

Los adultos víctimas de violación o abuso sexual pueden mostrar cualquiera de los siguientes síntomas: trastornos del sueño, miedo, depresión, ideación suicida, trastornos de la alimentación, baja autoestima, disfunciones sexuales, problemas de pareja, dificultad para confiar en los demás, adicción al sexo y somatización. Durante la agresión, la víctima intenta sobrevivir y, dependiendo de la situación, puede comportarse de distintas formas; algunas víctimas intentan huir, otras razonan o discuten con el agresor, se defienden o se quedan quietas con el fin de no provocar más violencia. En ocasiones, las víctimas intentan memorizar detalles referentes a la agresión o al agresor (Burgess y Holmstrom, 1976). En el momento de la agresión, normalmente experimentan un miedo muy intenso. De ahí que la respuesta inmediata sea de *shock*, aturdimiento e incredulidad. Después, pueden sentirse culpables y pensar que deberían haber hecho algo más para evitar lo sucedido.

Las respuestas que se producen con mayor frecuencia tras la violación son la ansiedad y el miedo. Según indican las investigaciones, la mayoría de las víctimas experimentan sentimientos de miedo, preocupación, terror, confusión, indefensión y temblores a las pocas horas de producirse la agresión (Kilpatrick, Veronen y Resick, 1979). También temen por su seguridad personal y por la reacción de los demás al conocer lo sucedido, y siguen teniendo miedo al agresor. Aproximadamente el 90% de ellas dice experimentar varios tipos de miedo: a la soledad, a testificar en un juicio y a tener relaciones sexuales íntimas en el futuro.

Tanto la depresión como la ideación suicida son manifestaciones que destacan por su frecuencia entre las víctimas de violación. Utilizando el *Beck Depression In-*

ventory (Inventario de depresión de Beck), el 44% de las
víctimas de violación tenía puntuaciones entre medias y
altas, y el 38% cumplía los criterios para un trastorno
depresivo mayor (Frank y Stewart, 1984; Frank, Turner
y Duffy, 1979). Se encontró, asimismo, ideación suicida
en un 33-50% de los casos e intentos de suicidio en un
17-19% (Koss, 1988; Resick y otros, 1989).

Uno de los problemas que más tiempo perdura entre las víctimas de violación son las disfunciones sexuales (Becker, Abel y Skinner, 1979; Burgess y Holmstrom, 1979; Ellis, Calhoun y Atkeson, 1980). Según
Ellis y otros, el 61% de las víctimas tiene problemas
sexuales y su reacción inmediata tras la agresión es la
de evitar toda relación sexual. Comparadas con las
personas no victimizadas, las víctimas de violación dicen haber tenido una vida sexual problemática entre
los cuatro y los seis años después de la agresión, y el
30% de ellas no había vuelto a su nivel anterior de actividad sexual en el momento de la entrevista (Burgess
y Holmstrom).

2.3. LAS VARIACIONES EN LOS EFECTOS

Los estudios de género no revelan diferencias signi-
ficativas entre niños y niñas en lo que se refiere a los
efectos del abuso sexual. Las variaciones en la sinto-
matología, por tanto, han sido atribuidas a las características del abuso. Al respecto, se han destacado una
serie de factores que contribuyen a que las víctimas
desarrollen más síntomas: que exista una relación es-
trecha con el agresor, que los contactos sexuales sean
frecuentes, que el abuso sea de larga duración, que se
haya empleado la fuerza y que los actos sexuales in-
cluyan la penetración oral, anal o vaginal. La falta de
apoyo materno en el momento en el que se hace público el abuso y las estrategias de afrontamiento ina-

decuadas son factores que también acarrean un aumento de síntomas en las víctimas.

Un estudio comparativo realizado entre distintos tipos de víctimas (las que habían sufrido una agresión a manos de un extraño, de un conocido con el que no tenían relación sentimental, de alguien con quien salían y de su marido), no encontró diferencias en el sufrimiento psicológico en términos de depresión y ansiedad (Koss, Dinero, Seibel y Cox, 1988). Anteriormente se suponía que era más traumático sufrir una violación a manos de un extraño, pero en realidad, una violación es siempre traumática, independientemente de la relación que exista entre víctima y agresor. El hecho de haber sido violada con anterioridad sí parece tener un efecto en la traumatización, ya que las mujeres que han sido victimizadas repetidamente corren un mayor riesgo de padecer depresión (Sorenson y Golding, 1990).

En vista de las graves y extensas secuelas que la violación y el abuso sexual tienen para las víctimas y sus familiares (Conte, 1988; Koss y Harvey, 1991), así como de los costes sociales (la investigación, el juicio, el encarcelamiento de los delincuentes, etc.), se impone la necesidad de reducir la incidencia de estas agresiones. A este respecto, una intervención eficaz encaminada a reducir el riesgo de reincidencia de los delincuentes sexuales también debería reducir el número de víctimas.

3. Prevención

A finales de los años 60 y principios de los 70, el abuso sexual recibía muy poca atención. Sin embargo, el movimiento feminista sacó a la luz pública la violación de personas adultas y el abuso sexual infantil y, de este modo, aumentó la conciencia social en torno al problema. Desde entonces, el sector público ha aplicado varias estrategias para reducir la incidencia de las agresiones sexuales contra mujeres y niños, a través de la legislación y los programas educativos.

Las leyes que permiten encarcelar a los agresores sexuales impiden que éstos prosigan con su carrera delictiva y, por tanto, que haya más víctimas durante su encarcelamiento. Sin embargo, las leyes demasiado severas no siempre previenen el abuso sexual; muchas veces van dirigidas contra grupos minoritarios y ponen el énfasis en el castigo, sin tener en cuenta la prevención. Pero toda ley que pretenda reducir eficazmente la incidencia y prevalencia del abuso sexual debe tener en cuenta la prevención. Además, si la prevención sólo depende de la aplicación de determinadas leyes, será ineficaz, ya que no todos los casos son denunciados a las autoridades (Freeman-Longo y Blanchard, 1998), bien por el miedo de la víctima a denunciar el abuso, bien porque el caso no llegue a juzgarse por falta de pruebas. De ahí que sea necesario cambiar la forma en que la policía, los fiscales y los tribunales tratan a las víctimas, si queremos que tengan más confianza a la hora de denunciar y sepan expresarse mejor durante los juicios. Pero, además de esto, se necesitan también estrategias de prevención del abuso.

En la actualidad, los esfuerzos de prevención se centran en los factores de riesgo de la víctima y del agresor. Al respecto, podemos distinguir tres niveles de prevención: la primaria, la secundaria y la terciaria.

— La prevención primaria intenta impedir que los potenciales agresores sexuales delincan. Se anima a quienes creen tener un problema para que se sometan a tratamiento y se intenta detectar a aquellos menores que muestren comportamientos sexuales abusivos para tratarlos.

— La prevención secundaria quiere, principalmente, enseñar cómo evitar ser víctima de abuso. En ocasiones, dado que este tipo de prevención incrementa la concienciación social y difunde información sobre el modo en que operan los agresores sexuales, puede suceder que determinados abusos que estén en curso se detengan (Henry, 1999).

— La prevención terciaria tiene lugar tras producirse el abuso y se refiere al tratamiento del agresor y de la víctima.

3.1 PROGRAMAS PARA LA PREVENCIÓN DEL ABUSO SEXUAL INFANTIL

Se han escrito numerosos libros y folletos informativos para enseñar a niños y padres cómo evitar y prevenir el abuso sexual. Estas publicaciones intentan mostrar a los niños la diferencia entre un tocamiento apropiado y uno inapropiado. Asimismo, les enseñan a ser más asertivos y a informar a alguien cuando un adulto les toca de forma inadecuada. Desgraciadamente, algunas de estas publicaciones describen al agresor como un extraño o una persona a la que el niño sólo conoce vagamente, en contraposición con los claros indicios de que los agresores más probables son los padres y otros familiares.

Los programas de prevención y educación son relativamente recientes (años 80). La mayor parte de ellos van dirigidos a escolares de primaria. Esto los hace muy interesantes porque llegan a un gran número de niños con un coste económico relativamente bajo. Generalmente sus contenidos explican qué es el abuso sexual; amplían la conciencia sobre quiénes son los agresores sexuales; describen la diferencia entre tocamientos apropiados, inapropiados y confusos; y enseñan qué acciones deben emprender los niños en caso de ser víctimas de abuso. Asimismo, hacen hincapié en que deben avisar a un adulto si alguien les toca de forma indebida (Conte, Rosen y Saperstein, 1984; Finkelhor, 1986). No obstante, Finkelhor (1986) señala que la mayoría de los programas no prestan atención suficiente al componente sexual del abuso: omiten mencionar, por ejemplo, los abusos íntimos y a largo plazo, así como el hecho de que los tocamientos inapropiados pueden producir sensaciones agradables. El hecho de que no mencionen el sexo expresamente hace que los niños no dispongan de un vocabulario adecuado sobre el tema y que les quede la sensación de que ésta es una cuestión de la que no deben hablar.

Además de enseñar a los niños, la educación de la sociedad en general es otro paso importante en la prevención del abuso sexual. Una sociedad concienciada ejercerá más presión sobre los gobiernos y los funcionarios que tratan el tema, y podrá sacar a la luz casos de abuso que, de otra forma, permanecerían ocultos. Los programas mencionados anteriormente adquieren en la realidad muchas formas, desde las presentaciones de diapositivas, películas, teatro, charlas y *role-playing*, hasta folletos y libros. En general, el formato utilizado depende de los temas que se presentan, así como de la duración del programa y de la persona que lo lleva a cabo.

Otro método preventivo es la educación sexual, que debería impartirse tanto en casa como en la escuela y en la que se tendría que seleccionar el material de apoyo en función de la edad del niño. Asimismo, habría que intentar que los niños se sintiesen cómodos al hablar de estas cuestiones con sus padres y profesores. La información sobre la anatomía humana, los sentimientos, el comportamiento sexual y la reproducción también debería ser acorde a la edad del niño. Este punto es clave porque, en muchas ocasiones, el agresor se aprovecha de la falta de información del niño y de su curiosidad por el sexo. Los niños, además, necesitan información que sirva de contrapeso de lo que observan en los medios de comunicación y entre sus iguales. La educación que resalta los aspectos afectivos del sexo puede también ayudar a prevenir el abuso sexual, ya que, según las investigaciones y los programas de tratamiento, los delincuentes sexuales juveniles carecen de información adecuada sobre la sexualidad. En conclusión, un programa de educación sexual amplio debería contemplar los siguientes aspectos: los mitos sobre la violación y el abuso sexual, el consentimiento y la coacción, el comportamiento sexual sano, los efectos del abuso sexual en las víctimas y, por último, las consecuencias para los agresores.

Las cifras al respecto hablan por sí mismas: según Finkelhor (1984), sólo el 29% de una muestra aleatoria de 521 padres había hablado con sus hijos sobre el sexo en alguna ocasión, y únicamente la mitad de ese 29% había incluido el dato de que el agresor sexual puede ser un conocido. Porch y Petretic-Jackson (1986), por su parte, constataron que los padres que habían participado en un taller de formación tenían mayor probabilidad de hablar con sus hijos sobre el abuso sexual. Parece, por tanto, obvio que los programas para padres también son beneficiosos.

Los programas de prevención dirigidos a policías, maestros y personal de guardería tienen como objetivo enseñarles a detectar posibles casos de abuso para, así, tener una reacción constructiva frente a la agresión. Aunque se han realizado pocos estudios sobre los resultados de estos programas, las investigaciones de las que disponemos muestran resultados esperanzadores. Hazzard (1984), por ejemplo, evaluó un programa de formación para profesores de primaria. Al comparar los docentes que habían recibido formación con

los que no lo habían hecho, observó que los primeros
sabían más sobre el abuso sexual y hablaban más de
ello con sus alumnos. Swift (1983), por su parte, evaluó
un programa para profesionales que trabajan en la comunidad y constató un aumento considerable en la tasa
de denuncias después del periodo de formación.

Es probable que el número de programas de prevención crezca más rápido que los estudios de evaluación de los mismos. No obstante, se han analizado
varios programas llevados a cabo en colegios y la conclusión extraída es que han sido eficaces (Conte, Rosen, Saperstein y Shermack, 1985; Plummer, 1984; Ray
y Dietzel, 1984; Wolfe, MacPherson, Blount y Wolfe,
1986). Su efecto inmediato es la ampliación del conocimiento en torno al abuso sexual. Otra conclusión
destacable al respecto es que los niños mayores parecen aprender más en estos programas y las sesiones de
recuerdo ayudan a retener lo aprendido.

3.2. LA PREVENCIÓN DE LA VIOLACIÓN

Casi todos los centros de asistencia o atención a
mujeres, así como los proyectos contra la violación, fomentan distintas iniciativas tendentes a su prevención.
Estas iniciativas pretenden conseguir (total o parcialmente) los siguientes objetivos: acabar con la violación, cambiando las creencias sociales que aprueban
la violencia sexual; evitarla, enseñando a las potenciales víctimas a evaluar riesgos y a defenderse, y reducir
el trauma emocional y físico, atendiendo inmediatamente las necesidades de las víctimas.

Gracias al movimiento que ha propiciado la aparición de este tipo de centros se han desarrollado métodos de prevención social. Claro ejemplo de esto último
son las campañas de sensibilización, las marchas que
reivindican mayor seguridad en las calles por la noche,

los programas educativos en las escuelas y las redes feministas de apoyo social. Existen también esfuerzos alternativos que intentan ofrecer conocimientos como la autodefensa, y cambiar comportamientos y actitudes en las potenciales víctimas (por ejemplo, enseñándoles a ser más asertivas, cambiando los estereotipos sobre el papel de cada uno de los sexos, etc.). Sin embargo, al igual que ocurre en los programas de prevención del abuso sexual infantil, estas iniciativas acaban responsabilizando a las víctimas de la agresión cuando insinúan que son las mujeres las que de algún modo, con su comportamiento o falta de precauciones, «invitan» a que se las viole. Es necesario, por tanto, un cambio de comportamiento y de actitud en la población en general.

Dada la imposibilidad de determinar la incidencia real de la violación, la evaluación del impacto de estas intervenciones preventivas se hace todavía más difícil. Es posible que los programas que se centran únicamente en la vulnerabilidad (cursos de autodefensa) y en el comportamiento de la víctima no sean eficaces, ya que las investigaciones indican que la resistencia física puede no ser la mejor opción en algunos casos de agresión sexual. Además, aunque se den ciertas situaciones de riesgo fuera del hogar —como volver a casa por la noche andando—, muchas violaciones ocurren en el hogar o en ambientes familiares y, a menudo, el agresor es un conocido de la víctima.

4. El tratamiento de las víctimas

Las estrategias de prevención de la agresión antes señaladas suelen centrarse en la educación y son, por tanto, muy diferentes de los tratamientos para las víctimas de abuso y sus familiares. Como hemos señalado antes, el abuso sexual puede tener efectos devastadores sobre la víctima y su familia. Pese a que el tratamiento puede comenzar inmediatamente después de la denuncia, la mayoría de víctimas no reciben tratamiento (Adams-Tucker, 1984). Además, aunque se indica que es necesario para la recuperación, se reconoce que no hay suficientes fondos, y la financiación recae sobre las propias víctimas. En consecuencia, muchas de ellas no reciben tratamiento adecuado.

Existen numerosos tipos de tratamientos, probablemente por el enorme número de síntomas que acarrea una agresión sexual. Hay, por ejemplo, terapias para reducir la ansiedad, mejorar la autoestima, modificar las distorsiones cognitivas y afrontar las actitudes o comportamientos sexuales problemáticos. A menudo se recomienda asistir a terapias individuales y de grupo. En los casos de abuso sexual infantil resulta muchas veces necesario tratar a los padres para enseñarles cuáles son los efectos de la agresión sobre sus hijos y cómo deben controlar el comportamiento problemático de éstos.

4.1. Tratamientos para niños

Existen varios tipos de tratamiento para niños que han sufrido abuso sexual. La elección de un tratamiento u otro depende de la edad y el nivel de desarrollo del niño. Ejemplos de tratamientos que se han utilizado son la terapia de juego, las técnicas cognitivo-conductuales, las de relajación y las orientadas a la resolución de conflictos. En su descripción de los distintos modelos de terapia y los objetivos de cada una de ellas, Berliner y Wheeler (1987) sugieren que la expresión de las emociones —ira, dolor o miedo— reduce las sensaciones de ansiedad y malestar. Dentro de la terapia cognitivo-conductual, una de las técnicas que más se utiliza con adolescentes es la denominada *de-*

sensibilización sistemática que incluye el entrenamiento en la relajación y la exposición, a través de la imaginación, a aquellos sucesos que causan ansiedad. Además, las pesadillas, los miedos, las reacciones fóbicas y los comportamientos regresivos requieren la colaboración de los padres.

Muchos niños que han tenido una experiencia de abuso sexual se sienten responsables y piensan que podían haber hecho algo para evitarlo. En la mayoría de los tratamientos actuales se les dice que los adultos son responsables de sus propios actos y se les explica muy claramente lo que es el consentimiento (por ejemplo, cuando alguien tiene miedo o no se atreve a decir "no", no está consintiendo). Los niños que han sufrido abuso durante mucho tiempo pueden sentirse confusos y avergonzados, sobre todo si acaban pensando que en el momento del abuso tuvieron oportunidad de impedirlo o de denunciar los hechos, o si sintieron excitación sexual. Estos temas deben tratarse porque, de este modo, la víctima comprenderá por qué las elecciones que en su momento realizó parecían ser la única opción posible.

Un aspecto importante del tratamiento que también está relacionado con la prevención es la reducción de la vulnerabilidad ante futuros abusos. Según Russell (1984), las víctimas de abuso sexual corren mayor riesgo de sufrir nuevas agresiones. Como medida de protección, los niños deben desarrollar relaciones de confianza con los adultos y ser conscientes de qué es una relación apropiada con un adulto y qué no lo es.

4.2. EL TRATAMIENTO DE LAS VÍCTIMAS DE VIOLACIÓN

Sabemos que muy pocas mujeres buscan ayuda profesional inmediatamente después de una violación. En la encuesta de Koss (1988), realizada entre universitarias que habían sido violadas, tan sólo el 4% dijo haber acudido a un centro de asistencia a mujeres agredidas. Sin embargo, aproximadamente el 50% acaba por buscar ayuda para tratar síntomas persistentes como los problemas que aparecen en las relaciones con los demás. En consecuencia, los casos que llegan a los terapeutas no suelen ser recientes.

Por su parte, las víctimas de violación que acuden a las salas de urgencias de los hospitales necesitan cuidados médicos y una actitud empática y amable que les ayude a hablar de lo sucedido. En estos casos, dedicar una sesión del tratamiento a que cuenten la agresión puede ser lo más indicado. Es importante aprovechar esa sesión para ayudar a la víctima a ponerse en contacto con grupos de apoyo social que le ayuden a afrontar las emociones iniciales y hablar de sus expectativas de futuro.

Las víctimas que quieren seguir un tratamiento durante meses o incluso años después de la agresión, disponen tanto de terapias individuales como de terapias de grupo. En opinión de los clínicos, la terapia de grupo suele ser la mejor opción, ya sea como tratamiento único o en combinación con la terapia individual. Pero, a pesar de lo dicho, se sabe muy poco sobre la eficacia de los tratamientos para las víctimas de violación. Lo publicado hasta la fecha sobre la psicoterapia individual incluye evaluaciones de intervenciones conductuales tales como las técnicas de exposición, la terapia cognitiva para la depresión y la ansiedad, y la expresión emocional (Becker y Abel, 1981; Frank y Stewart, 1983; Turner, 1979; Wolff, 1977). Aunque estos estudios indican que los resultados son, en general, positivos existen problemas metodológicos. Por ejemplo, raramente se utilizan los grupos control, las terapias suelen tener una duración muy corta (de cuatro a diez sesiones) y se centran en mujeres que acaban de ser violadas y no en víctimas que acuden a tratamiento después de varios años.

En cuanto a las terapias de grupo, éstas se llevan a cabo, tanto con pacientes internos como externos, pueden ser a corto y largo plazo, y muestran variaciones en el objetivo, estructura, formato, proceso y tipo de tratamiento. Existen los llamados grupos de discusión, los grupos de apoyo y los grupos de psicoterapia. Koss (1990) señala que nuestro conocimiento sobre la eficacia de los tratamientos de grupo es más bien escaso y que los pocos estudios disponibles arrojan resultados divergentes (Cryer y Beutler, 1980; Herman y Schatzow, 1984; Resick y otros, 1989). Los que están a favor de la terapia de grupo afirman que resulta positiva ya que ofrece apoyo, disminuye el aislamiento y ayuda a mejorar la autoestima, los vínculos afectivos y la confianza.

Hasta 1970 no existían entidades gubernamentales ni grupos de presión que defendieran a las mujeres violadas. La comunidad y la policía no apoyaban a las víctimas quienes, a menudo, eran tratadas como culpables. El movimiento feminista identificó la violación como un problema grave y subrayó lo traumático que resulta para la víctima. De ahí que los primeros centros de apoyo a mujeres violadas (aparecidos en distintos puntos de Estados Unidos, Canadá, Europa y Australia) fueran creados por grupos feministas. Hoy en día, existen en cientos de lugares de Estados Unidos, Canadá y de todo el mundo. Estos centros (Burt y otros, 1984; O'Sullivan, 1976) ofrecen distintos servicios: intervención en situaciones de urgencia, apoyo, asesoramiento legal y asistencia psicológica a corto y largo plazo. Asimismo, proporcionan formación a la policía, los tribunales y los profesionales del sector médico y de la salud mental. El objetivo principal de este tipo de centros es, por un lado, dotar a las mujeres de las habilidades necesarias para fortalecer su autoestima y enfrentarse a la vida y, por otro, promover el cambio social.

4.3. El tratamiento de los agresores sexuales

Los programas para la prevención del abuso sexual se dedican, generalmente, a prevenir la victimización. Aunque éste es un objetivo importante, también debemos intentar reducir la probabilidad de que los agresores que ya conocemos reincidan. Los terapeutas e investigadores, además, han dado cuenta de la alta tasa delictiva que se da entre los agresores sexuales que comienzan a delinquir siendo jóvenes (Abel y Rousseau, 1990). De ahí que la rápida identificación y tratamiento de estos jóvenes delincuentes pueda evitar futuras víctimas. En Estados Unidos el número de programas que ofrecen tratamiento especializado para adolescentes ha aumentado de 20, en 1983, a más de 700, en 1994 (Freeman-Longo, Bird, Stevenson y Fiske, 1995). La prevención primaria a la que hacíamos referencia anteriormente pretende identificar y tratar a los niños que presentan un "riesgo" de comportamientos sexuales abusivos en el futuro (como los niños que han sufrido abuso sexual, físico o emocional). Sin embargo, no se les debe estigmatizar porque, como indican las investigaciones, menos de un tercio de los niños que han sufrido abuso acabarán a su vez abusando de otros.

En cuanto a los hombres que ya han cometido delitos sexuales, el tratamiento puede reducir las posibilidades de reincidencia y, por tanto, evitar que haya más víctimas. Hay, asimismo, tratamientos adaptados a varios tipos de delincuentes sexuales, que se realizan tanto en la sociedad como en las instituciones (Marshall, Fernández, Hudson y Ward, 1998). Como veremos más adelante, el tratamiento de los delincuentes sexuales puede ser eficaz y evitar, de este modo, que vuelvan a delinquir.

5. La prevención en el futuro

El abuso sexual tiene un alto coste económico y emocional. Como dice Marshall (1992), la investigación de cada caso, con su correspondiente juicio y encarcelamiento, cuesta aproximadamente 200.000 dólares canadienses. Por consiguiente, todo lo que se haga para reducir la delincuencia sexual, no solamente evitará que personas inocentes sufran, sino que ahorrará mucho dinero a los contribuyentes. Además, es mucho más económico y eficaz prevenir el abuso sexual que curar a los agresores y a las víctimas. Pero, para prevenir el abuso sexual es necesario un cambio de actitud: en lugar de poner el énfasis en el castigo, hay que dirigir los esfuerzos a la prevención, ya que el abuso sexual es un problema que afecta a toda la sociedad y, por ello, todos debemos implicarnos en la reducción de su incidencia.

Un área que históricamente ha recibido muy poco apoyo económico es la asistencia a las víctimas de agresión sexual. Debería haber fondos para tratar y asistir a las víctimas y a sus familiares. Asimismo, las víctimas deberían recibir ayuda durante el transcurso de la investigación criminal y el juicio. Y para ello, deberíamos fomentar la conciencia del problema, animarlas a denunciar el abuso, darles asistencia y tratamiento, y ampliar los programas de tratamiento para los agresores. Todas estas medidas ayudan en la lucha contra el abuso sexual. Del mismo modo, si no investigamos cuál es la mejor forma de lograr estos objetivos, nunca conseguiremos reducir el impacto del abuso sexual. Para ello, los Estados deben apoyar económicamente los programas de prevención, aumentar la asistencia a las víctimas y tratar a los delincuentes que ya conocemos. A su vez, estos programas tendrían que ser evaluados y el coste económico de esta evaluación deberían asumirlo los Estados. Como ilustración del habitual abandono de esta cuestión citaremos datos de Estados Unidos: en 1993, la principal fuente de fondos para la investigación de los problemas en la conducta humana, el Instituto Nacional para la Salud Mental *(National Institute of Mental Health)*, adjudicó 125'3 millones de dólares (más de veinte mil millones de pesetas) para la investigación de la depresión, pero sólo 1'2 millones de dólares (unos 200 millones de pesetas) para investigar la delincuencia sexual (Goode, 1994). Si hemos de tratar el tema del abuso sexual de forma responsable, el orden de prioridades debe cambiar. Conviene recordar aquí que las principales víctimas del abuso sexual son las mujeres y los niños, todavía mucho menos influyentes política, social y económicamente que los hombres. Quizá hagan falta cambios sociales más profundos para reducir los daños que la delincuencia sexual ocasiona en nuestra sociedad.

Referencias bibliográficas

Abel, G. G. y Rouleau, J. L. (1990): «The nature and extent of sexual assault», en W. L. Marshall, D. R. Laws y H. E. Barbaree (eds.), *Handbook of sexual assault: Issues theory and treatment of the offender*, New York, Plenum Press, pp. 9-21.

Adams-Tucker, C. (1984): «The unmet psychiatric needs of sexually abused youths: Referrals from a child protection agency and clinical evaluations», *Journal of the American Academy of Child Psychiatry*, 23, pp. 659-667.

Allen, C. M. (1991): *Women and men who sexually abuse children*, Orwell VT, Safer Society Press.

Barbaree, H. E.; Marshall, W. L. y Hudson, S. (eds.) (1993): *The juvenile sex offender*, New York, Guilford Press.

Becker, J. V. y Abel, G. G. (1981): «Behavioral treatment of victims of sexual assault», en S. M. Turner, K. S. Calhoun y H. E. Adams (eds.), *Handbook of clinical behavior therapy*, New York, John Wiley.

Becker, J. V.; Abel, G. G. y Skinner, L. J. (1979): «The impact of a sexual assault on the victim's sexual life», *Victimology: An International Journal*, 4, pp. 229-235.

Beitchman, J. H.; Zucker, K. J.; daCosta, G. A. y Akman, D. (1991): «A review of the short-term effects of child sexual abuse», *Child Abuse and Neglect*, 15, pp. 537-556.

Berliner, L. y Wheeler, J. R. (1987): «Treating the effects of sexual abuse on children», *Journal of Interpersonal Violence*, 2(4), pp. 415-434.

Briere, J. N. y Elliot, D. M. (1994): «Immediate and long-term impacts of child sexual abuse», *The Future of Children*, 4, pp. 54-69.

Browne, A. W. y Finkelhor, D. (1986): «Impact of child sexual abuse: A review of the research», *Psychological Bulletin*, 99, pp. 66-77.

Burgess, A. W. y Holinstrom, L. L. (1976): «Coping behavior of the rape victim», *American Journal of Psychiatry*, 133, pp. 413-418.

Burt, M. R.; Gornick, J. y Pittman, K. (1984): *Feminism and rape crisis centers*, Washington D. C., The Urban Institute.

Cappelleri, J. C.; Eckenrode, J. y Powers, J. L. (1993): «The epidemiology of child abuse: Findings from the Second National Incidence and Prevalence Study of Child Abuse and Neglect», *American Journal of Public Health*, 83, pp. 1.622-1.624.

Conte, J. R. (1988): «The effects of sexual abuse on children: Results of a research project», *Annals of the New York Academy of Sciences*, 528, pp. 310-326.

Conte, J. R.; Rosen, C. y Saperstein, L. (1984): *An analysis of programs to prevent the sexual victimization of children*, ponencia presentada en el Fifth International Congress on Child Abuse and Neglect, Montreal.

Conte, J. R.; Rosen, C.; Saperstein, L. y Shermack, R. (1985): «An evaluation of a program to prevent the sexual victimization of young children», *Child Abuse and Neglect*, 9, pp. 319-328.

Cryer, L. y Beutler, L. (1980): «Group therapy: An alternative treatment approach for rape victims», *Journal of Sex and Marital Therapy*, 6, pp. 40-46.

Cupoli, J. M. y Sewell, P. M. (1988): «One thousand fifty-nine children with a chief complaint of sexual abuse», *Child Abuse and Neglect*, 12, pp. 151–162.

Christie, M. M.; Marshall, W. L. y Lanthier, R. D. (1979): *A descriptive study of incarcerated rapists and pedophiles*, Report to the Solicitor General of Canada, Ottawa.

Darke, J. L. (1990): «Sexual aggression: Achieving power through humiliation», en W. L. Marshall, D. R. Laws y H. E. Barbaree (eds.), *Handbook of sexual assault: Issues, theories and treatment of the offender*, New York, Plenum Press, pp. 55-72.

Eckenrode, J.; Munsch, J.; Powers, J. y Doris, J. (1988): «The nature and substantiation of official sexual abuse reports», *Child Abuse and Neglect*, 12, pp. 311-319.

Elliott, M. (1993): «Female sexual abuse of children», New York, Guilford Press.

Ellis, E. M.; Calhoun, K. S. y Atkeson, B. M. (1980): «Sexual dysfunctions in victims of rape: Victims may experience loss of sexual arousal and frightening flashbacks even one year after the assault», *Women and Health*, 5, pp. 39-47.

Finkelhor, D. (1986): *A sourcebook on child sexual abuse*, Beverly Hills, CA, Sage Publications.

— (1994): «Current information on the scope and nature of child sexual abuse», *The Future of Children*, 4, pp. 31-53.

Finkelhor, D. y Browne, A. (1985): «The traumatic impact of child sexual abuse: A conceptualization», *American Journal of Orthopsychiatry*, 55, pp. 530-541.

Finkelhor, D. y Lewis, I. A. (1988): «An epidemiologic approach to the study of child molestation», en R. Prentky y V. L. Quinsey (eds.), *Human sexual aggression: Current perspectives*, New York, Annals of the New York Academy of Sciences, pp. 64-78.

Frank, E. y Stewart, B. D. (1983): «Treating depression in victims of rape», *The Clinical Psychologist*, 36, pp. 95-98.

— (1984): «Depressive symptoms in rape victims: A revisit», *Journal of Affective Disorders*, 7, pp. 77-85.

Frank, E.; Turner, S. M. y Duffy, B. (1979): «Depressive symptoms in rape victims», *Journal of Affective Disorders*, 1, pp. 269-277.

Freeman-Longo, R. E. y Blanchard, G. T. (1998): *Sexual abuse in America: Epidemic of the 21st century*, Brandon, VT, Safer Society Press.

Freeman-Longo, R. E.; Bird, S. L.; Stevenson, W. F. y Fiske, J. A. (1995): *1994 Nationwide survey of treatment programs & models serving abuse-reative children and adolescents & adult sex offenders*, Brandon, VT, Safer Society Press.

Goode, E. (septiembre de 1994): «Battling deviant behavior», *US News and World Report*, pp. 74-75.

Haugaard, J. J. y Reppucci, N. D. (1988): *The sexual abuse of children: A comprehensive guide to current knowledge and intervention strategies*, San Francisco, Jossey-Bass.

Hazzard, A. (1984): «Training teachers to identify and intervene with abused children», *Journal of Clinical Child Psychology*, 13, pp. 288-293.

Henry, F. (octubre de 1999): *Stop it now*, ponencia presentada en la conferencia NOTA, York, Inglaterra.

Herman, J. y Schatzow, E. (1984): «Time limited group therapy for women with a history of incest», *International Journal of Group Psychotherapy*, 34, pp. 605-616.

Johnson, T. C. (1998): «Children who molest», en W. L. Marshall, Y. M. Fernández, S. M. Hudson y T. Ward (eds.), *Sourcebook of treatment programs for sexual offenders*, New York, Plenum Press, pp. 337-352.

Katz, D. (en prensa): «Victims of sexual abuse», en A. S. Bellack y M. Hersen (eds.), *Comprehensive clinical psychology: Vol. 9. Applications in diverse populations* (ed. vol.: N. Singh), Oxford, Elsevier Science.

Kendell-Tackett, K. A.; Williams, L. M. y Finkelhor, D. (1993): «Impact of sexual abuse on children: A review and synthesis of recent empirical studies», *Psychological Bulletin*, 113(1), pp. 164-180.

Kilpatrick, D. G. y Best, C. L. (1990): *Sexual assault victims: Data from a random national probability sample*, ponencia presentada en la 36 Annual Meeting of the Southeastern Psychological Association, Atlanta, GA.

Kilpatrick, D. G.; Veronen, L. J. y Resick, P. A. (1979): «The aftermath of rape: Recent empirical findings», *American Journal of Orthopsychiatry*, 49, pp. 658-669.

Koss, M. P. (1985): «The hidden rape victim: Personality, attitudinal, and situational characteristics», *Psychology of Women Quarterly*, 9, pp. 193-212.

— (1988): «Hidden rape: Sexual aggression and victimization in a national sample of students in higher education», en A. W. Burgess (ed.), *Rape and sexual assault* (vol. 2), New York, Garland, pp. 3-25.

— (1990): «Violence against women», *American Psychologist*, 45(3), pp. 374-380.

Koss, M. P. y Harvey, M. R. (1991): *The rape victim: Clinical and community interventions* (2.ª ed.), Newbury Park, CA, Sage Publications.

Koss, M. P.; Dinero, T. E.; Seibel, C. y Cox, S. (1988): «Stranger, acquaintance, and date rape: Is there a difference in the victim's experience?», *Psychology of Women Quarterly*, 12, pp. 1-24.

Koss, M. P.; Gidycz, C. A. y Wisniewski, N. (1987): «The scope of rape: Incidence and prevalence of sexual aggression and victimization in a national sample of higher education students», *Journal of Consulting and Clinical Psychology*, 55, pp. 162-170.

Marshall, W. L. (1992): «The social value of treatment for sexual offenders. Proceedings of the Canadian Sex Research Forum», *The Canadian Journal of Human Sexuality*, 1(3), pp. 109-114.

Marshall, W. L. y Barrett, S. (1990): *Criminal neglect: Why sex offenders go free*, Toronto, Doubleday. (También reeditado por Seals/Bantam Books, 1992.)

Marshall, W. L. y Christie, M. M. (1981): «Pedophilia and aggression», *Criminal Justice and Behavior*, 8, pp. 145-158.

Marshall, W. L.; Fernández, Y. M.; Hudson, S. y Ward, T. (1998): *Sourcebook of treatment programs for sexual offenders*, New York, Plenum Press.

Matthews, J. K. (1998): «An 11-year perspective of working with female sexual offenders», en W. L. Marshall, Y. M. Fernández, S. M. Hudson y T. Ward (eds.), *Sourcebook for treatment programs for sexual offenders*, New York, Plenum Press, pp. 259-272.

O'Sullivan, E. (1976): «What has happened to rape crisis centers? A look at their structures, members, and funding», *Victimology An International Journal*, 3 (1-2), pp. 45-62.

Plummer, C. (1984): *Preventing child sexual abuse: What in-school programs teach children*, manuscrito no publicado.

Porch, T. L. y Petretic-Jackson, P. A. (agosto de 1986): *Child sexual assault prevention: Evaluation of parent education workshops*, ponencia presentada en la 99 Annual Meeting of the American Psychological Association, Washington D. C.

Ray, J. y Dietzel, M. (1984): *Teaching child sexual abuse prevention*, manuscrito no publicado.

Resick, P. A.; Jordan, C. G.; Girelli, S. A.; Hunter, C. K. y Marhoefer-Dvorak, S. (1989): «A comparative outcome study of behavioral group therapy for sexual assault victims», *Behavior Therapy*, 19, pp. 385-401.

Russell, D. E. H. (1984): «The prevalence and seriousness of incestuous abuse: Stepfathers *vs.* biological fathers», *Child Abuse and Neglect*, 8, pp. 15-22.

Sorenson, S. B. y Golding, J. M. (1990): «Depressive sequence of recent criminal victimization», *Journal of Traumatic Stress*, 3(2), pp. 337-350.

Stermac, L. E.; Sheridan, P. M.; Davidson, A. y Dunn, S. (1996): «Sexual assault of adult males», *Journal of Interpersonal Violence*, 11, pp. 52-64.

Swift, C. (1983): *Consultation in the area of child sexual abuse, MMLI Report 83-213*, Washington D.C., National Institute of Mental Health.

The Committee on Sexual Offenses against Children and Youth (1984): *Sexual offenses against children*, Ottawa, Canadian Government Publishing Centre.

Turner, S. M. (1979): *Systematic desensitization of fears and anxiety in rape victims*, ponencia presentada en la Association for the Advancement of Behavioral Therapy.

Van Dijk, J. A. M. y Mayhew, P. (1992): *Criminal victimization in the industrial world*, La Haya, Países Bajos, Dirección para la Prevención del Crimen.

Wolfe, D. A.; MacPherson, T.; Blount, R. y Wolfe, V. V. (1986): «Evaluation of a brief intervention for educating school children in awareness of physical and sexual abuse», *Child Abuse and Neglect*, 10, pp. 85-92.

Wolff, D. A. (1977): «Systematic desensitization and negative practice to alter the aftereffects of a rape attempt», *Journal of Behavioral Therapy and Experimental Psychiatry*, 8, pp. 423-425.

Wurtele, S. K. y Miller-Perrin, C. L. (1992): *Preventing child sexual abuse: Sharing the responsibility*, Lincoln, University of Nebraska Press.

CAPÍTULO 2

ETIOLOGÍA DE LA DELINCUENCIA SEXUAL

por W. L. MARSHALL

1. Introducción

La primera y más obvia respuesta a la pregunta de quiénes son los agresores sexuales es que, simplemente, son hombres. Esta afirmación, sin embargo, no refleja la realidad, pues también hay mujeres (Elliott, 1993) y niños (Johnson, 1998) que cometen agresiones sexuales. Sin embargo, entre el 85 y el 95% de los delincuentes sexuales conocidos son varones —adultos (Marshall, Laws y Barbaree, 1990) o adolescentes (Barbaree, Marshall y Hudson, 1993)—. Por lo tanto, para simplificar las cosas, en este capítulo hablaré de los agresores sexuales como si todos ellos fueran hombres.

Los agresores sexuales son, en sus rasgos más visibles, parecidos al resto de hombres. Al respecto cabría decir que, aunque el sistema judicial tiende a procesar y encarcelar a aquellos que provienen de una escala social baja o pertenecen a alguna minoría, muchos de ellos provienen de estratos sociales más privilegiados. Así, Abel, Osborn y Warberg (1998) han desarrollado un programa de tratamiento específico para profesionales que han cometido agresiones sexuales y existen numerosos programas dirigidos a agresores sexuales pertenecientes al clero (Kelly, 1998). Nuestra experiencia clínica con pacientes externos (Marshall, 1995) demuestra que provienen de todas las esferas y tienen rasgos demográficos que, en gran medida, son reflejo de la población general. De este modo, ningún grupo de hombres parece exento del riesgo de cometer agresiones sexuales; existen casos de agresores sexuales sordos (Dennis y Baker, 1998), discapacitados físicos

(Coleman y Haaven, 1998), aborígenes (Cull y Wehner, 1998; Ellerby y Stonechild, 1998; Larsen, Robertson, Hillman y Hudson, 1998), y de miembros de minorías raciales (Jones, Winkler, Kacin, Salloway y Weissman, 1998; Moro, 1998). Además, en aquellos rasgos que distinguen a los delincuentes sexuales de los que no lo son, la heterogeneidad de los grupos y el solapamiento entre ellos hace que, incluso conociendo la puntuación de un individuo en cualquiera de las escalas, no podamos determinar si es, o no, un delincuente sexual. Estas coincidencias entre grupos de agresores sexuales y no agresores son relevantes por dos motivos: en primer lugar, porque nos dificultan la identificación de aquellas características que pueden ayudarnos a distinguir a un agresor sexual de alguien que no lo es y, en segundo, porque incapacitan a los profesionales y a los tribunales a la hora de evaluar si un acusado es un agresor. Desgraciadamente, el mensaje que transmitimos a la sociedad es que, por el momento, no podemos —ni es probable que en el futuro podamos— identificar fácilmente a los agresores sexuales si no es porque un tribunal los condena o porque ellos mismos lo confiesan.

Pero esto no quiere decir que no sepamos nada sobre ellos, o sobre los motivos de su conducta (durante los últimos 30 años hemos acumulado mucha información sobre los delincuentes sexuales y los programas de tratamiento que, aparentemente, son efectivos), sino que lo que sabemos está relacionado con características poco evidentes de estos individuos, que resultan desconocidas incluso para su familia o amigos más cercanos. Sabemos que los delincuentes sexuales adoptan muchas tácticas para ocultar sus tendencias delictivas, y que incluso se esfuerzan en aparentar cierta normalidad. Pero de entre todo lo dicho hasta ahora, lo más problemático a la hora de entenderles quizá sea el hecho de que las dificultades que llevan a un hombre a agredir sexualmente son fruto de la vulnerabilidad que predispone a las personas, en general, a todo tipo de problemas. En este libro veremos que muchas experiencias de los agresores sexuales que contribuyen al desarrollo de su aberrante comportamiento coinciden con las que provocan la aparición de otros trastornos psiquiátricos, como la depresión y otros comportamientos antisociales, ya sea el robo reiterado y otras agresiones no sexuales. Algunas personas vulnerables tienen experiencias afortunadas como, por ejemplo, conocer a alguien que les da el afecto que necesitan para sentirse seguros y, así, dirigir sus vidas de un modo socialmente adecuado; otras, en cambio, pueden no tener tanta suerte. Sus experiencias pueden haber provocado que tengan una visión negativa y pesimista de ellos mismos, del mundo y de su futuro, tal y como ocurre en la depresión (Beck, 1967). Estas personas vulnerables pueden verse envueltas en experiencias frustrantes que les hagan sentirse enfadadas con los demás. Finalmente, algunos de estos jóvenes vulnerables pueden sentirse aliviados cuando cometen una agresión sexual, ya sea ésta resultado de un plan preconcebido o del azar.

Nuestra teoría sobre la etiología de la delincuencia sexual tiene en cuenta diversos factores, pero el eje central es la aparición de esa vulnerabilidad que tiene su origen, normalmente, en unos vínculos destructivos entre padres e hijos. En definitiva, es esa vulnerabilidad la que determina la respuesta de una persona a experiencias posteriores, y se expresa a través de distintos patrones de comportamiento.

2.   Una teoría sobre la delincuencia sexual

Durante años hemos desarrollado una teoría general sobre el origen de la delincuencia sexual (Marshall,

1978, 1984; Marshall, Anderson y Fernández, 1999; Marshall y Barbaree, 1984, 1990; Marshall y Eccles, 1992). Además, dentro de esta teoría general hemos identificado específicamente el papel de algunos factores: los vínculos paterno-filiales (Marshall, Hudson y Hodkinson, 1993); las relaciones estrechas entre adultos, la soledad y los estilos de apego (Marshall, 1989a; 1993a, 1994; Ward, Hudson, Marshall y Siegert, 1995); la historia sexual juvenil (Cortoni y Marshall, 1995, 1996); las influencias socioculturales (Marshall, 1984, 1985); la pornografía (Marshall, 1988, 1989b); los procesos de condicionamiento (Laws y Marshall, 1988, 1990; Marshall y Eccles, 1993); la autoestima (Marshall, Anderson y Champagne, 1996); y la empatía (Marshall, 1993b; Marshall, Hudson, Jones y Fernández, 1995).

En nuestra opinión, los hombres deben aprender a controlar su tendencia innata a satisfacer sus propios deseos, especialmente en lo que se refiere a la relación entre sexo y agresión. Este concepto sobre los inhibidores de las tendencias agresivas innatas no es nuevo; los estudiosos del comportamiento animal lo conocen muy bien. En efecto, la idea de que el desarrollo de estos controles surge en el proceso de socialización proviene directamente de la investigación animal (Baenninger, 1974; Karli, Vergnes, Eclander y Penot, 1977; Moyer, 1976). Al respecto, Moyer (1976) advierte que las condiciones ambientales y el aprendizaje ejercen un gran poder de control sobre el comportamiento, aunque se sobrentiende que este control actúa sobre disposiciones innatas. De este modo, el comportamiento estaría determinado por la interacción entre lo innato y lo adquirido. Los factores que interfieren o dificultan el desarrollo de inhibidores son precisamente aquellos que, bajo ciertas condiciones, facilitarán la unión entre el sexo y la agresión en determinados individuos.

2.1. Influencias biológicas

No cabe duda que el impulso sexual en los mamíferos es innato. Es en la materialización de este impulso donde aparecen las discrepancias entre los que adoptan una visión estrictamente genética y aquellos que sostienen que son únicamente los factores ambientales los que controlan el comportamiento humano.

A pesar de las evidencias, aún hay quien se niega a admitir que la agresión tiene una base genética (Tobach, Gianutos, Topoff y Gross, 1974). Sin embargo, todos los miembros de una misma especie muestran idénticas pautas de comportamiento agresivo bajo unas condiciones determinadas, independientemente de que hayan crecido en el ambiente propicio para su aprendizaje (Eibl-Eibesfelt, 1977). En realidad, cuando se dan los estímulos necesarios, tanto los animales criados en aislamiento como los que han crecido entre sus congéneres se comportan agresivamente (Cullen, 1960; Lack, 1943; Mobel y Bradley, 1993).

La evolución ha dotado a los hombres de la capacidad de poner en práctica determinados comportamientos para conseguir sus objetivos sexuales (Symons, 1979). Podríamos profundizar más en este tema, pero difícilmente habrá alguien que niegue que los hombres son capaces de utilizar la agresión, la amenaza o la coerción para obtener un beneficio sexual. No obstante, es obvio que, a pesar del placer y la gratificación que les reportaría el uso de la violencia, no todos los hombres la utilizan (Leon, 1969; Storr, 1972). Hay hombres que acosan a niños y, aunque es obvio que todos podrían hacerlo, la mayoría de ellos, afortunadamente, no lo hacen.

En realidad, si las respuestas agresiva y sexual fueran claramente distintas, tanto desde el punto de vista fisiológico como del subjetivo, podríamos distinguir una de otra fácilmente. Pero, desgraciadamente, esto no es así. Los mismos sustratos neuronales actúan tanto en la agresión como en el sexo (Adams, 1968; MacLean, 1962), las conexiones neuronales dentro de estas áreas parecen tener una notable similitud (Valzelli, 1981) y lo más importante es que los mismos esteroides que activan la agresión, a su vez, activan el sexo (Moyer, 1976).

Estos comportamientos tienen en la base un sistema endocrino algo complicado que incluye diversos mediadores bioquímicos (Hucker y Bain, 1990). Lamentablemente, el foco de investigación en este área se ha limitado frecuentemente al estudio de la relación existente entre la testosterona y el tipo de comportamiento, mientras que en la mediación del comportamiento, otros esteroides sexuales parecen ser los importantes (Moss y Foreman, 1976; Pfaff, 1973; Vale, River y Brown, 1977). Asimismo, las fluctuaciones transitorias en la testosterona pueden predecir con más precisión el comportamiento que los niveles medios a lo largo de varios periodos de tiempo (Kraemer y otros, 1976).

Los esteroides sexuales (hormonas sexuales esteroideas) tienen dos funciones principales en el comportamiento sexual y agresivo; una organizativa y otra activacional (Bronson y Desjardin, 1969; Money, 1965). Para este propósito, centraremos nuestro interés en los efectos que tienen los esteroides sexuales en el nivel de activación. Antes de la pubertad, estos efectos activadores parecen ser mínimos, pero una vez se activan, los niveles hormonales aumentan por lo menos cuatro veces a lo largo de los diez primeros meses, alcanzando los niveles de un adulto en sólo dos años (Sizonenko, 1978). Éste es también el momento en que se produce un aumento de la actividad sexual y del comportamiento agresivo (DeLora y Warren, 1977). Por consiguiente, la pubertad y los primeros años de la adolescencia son épocas importantes para aprender a expresar y canalizar el sexo y la agresión. Bateson (1978) ha demostrado que entre los pájaros y algunos mamíferos se dan ciertos periodos críticos a la hora de adquirir determinados comportamientos que expresan necesidades sexuales y dichos periodos tienen lugar inmediatamente después de los cambios en los niveles hormonales tan evidentes en la pubertad. Posiblemente, los seres humanos estamos más influidos por las cuestiones sociales y sexuales que ellos.

La pubertad, por tanto, parece ser un periodo crucial para el desarrollo de las tendencias sexuales permanentes y, ya que en estas tendencias sexuales subyacen los mismos activadores bioquímicos que en la agresión, podemos deducir razonablemente que también la pubertad es fundamental en el desarrollo del comportamiento agresivo. Bajo este mismo concepto, Hays (1981) sugiere que los principales determinantes del comportamiento son los factores de desarrollo y los ambientales, en donde las hormonas facilitan o contribuyen a la expresión de dicho comportamiento. Contoni y Marshall (1999) han demostrado que los comportamientos sexuales en las primeras etapas de la adolescencia son predictores fiables de la delincuencia sexual en la edad adulta. No obstante, los factores biológicos que actúan como mediadores entre el sexo y la agresión pueden variar según el individuo; por ejemplo, unos niveles excepcionalmente elevados de esteroides sexuales pueden hacer que sea extraordinariamente difícil controlar la agresión sexual.

Se han realizado varios estudios que analizan la repercusión inmediata que tienen los niveles de esteroides sexuales anormalmente elevados en la activación de la agresión sexual, pero muchos de estos estudios se consideran incompletos, bien porque fallan a la hora de determinar exactamente los niveles hormonales, bien porque no describen correctamente la relación entre éstos y el comportamiento sexual (Hucker y Bain, 1990). Sin embargo, hay dos estudios que presentan unos descubrimientos muy interesantes. El primero de ellos es el de Rada, Laws y Kellner (1976), quienes no hallaron ninguna diferencia en el nivel de testosterona en el plasma sanguíneo entre un grupo de violadores y otro de no violadores, pero sí encontraron un nivel de testosterona elevado en los agresores sexuales de niños. El segundo es el de Langevin y otros (1984), quienes compararon a violadores sádicos con violadores no sádicos. En este último grupo observaron un nivel normal de diversas hormonas. Sin embargo, uno de los violadores sádicos presentaba un alto nivel de dehidroepiandrosterona, un nivel medio más alto de la hormona luteinizante y de la hormona estimulante del folículo. En realidad, se podría decir que entre los violadores sólo hay una minoría cuyo comportamiento podría deberse a unos niveles hormonales altos y crónicos. Hasta esta fecha, no parece existir ningún estudio comparable sobre exhibicionistas o acosadores infantiles.

De este modo, los factores biológicos presentan a un hombre que en el transcurso de su crecimiento ha de aprender a separar el sexo de la agresión y a inhibir la agresión en el contexto sexual. Así, los hombres deben aprender a no utilizar la fuerza o las amenazas para satisfacer sus deseos sexuales y a no participar en comportamientos sexuales que provoquen humillación o miedo en sus parejas. Nuestra herencia biológica hace que esta tarea no resulte sencilla. La dificultad aumenta debido a los niveles anormalmente elevados de esteroides sexuales. No obstante, los factores de desarrollo y los factores ambientales parecen tener un papel determinante a la hora de dar forma a la expresión de las necesidades sexuales y a controlar la agresión.

Cabe señalar que la adquisición de actitudes y comportamientos durante la infancia preparan al hombre para responder, adecuada o inadecuadamente, a la activación provocada por los fuertes deseos que caracterizan la etapa de la pubertad. Estas respuestas estarán influidas por las actitudes socioculturales de la sociedad en general que, a su vez, pueden permanecer como factores sólidos a lo largo de la vida de un individuo. Asimismo, hay ciertas circunstancias que pueden desinhibir controles sociales bien arraigados, de la misma forma que determinadas tendencias sexuales delictivas pueden liberarse en hombres de ordinario prosociales. En los siguientes apartados trataremos las influencias de estos tres factores ambientales: las experiencias en la infancia, el contexto sociocultural y las situaciones transitorias.

2.2. Experiencias en la infancia

En nuestro relato sobre la etiología de la delincuencia sexual, la relación entre un padre y su hijo tiene mucha importancia. En nuestra opinión, una relación paterno-filial pobre puede derivar en un comportamiento sexual delictivo. De este modo, deducimos que los delincuentes sexuales han tenido problemas con sus padres cuando eran niños.

Rada (1978) nos ha descrito el ambiente familiar de los violadores y la educación que reciben de sus padres durante la infancia. Estos chicos que se convierten en violadores viven en un contexto familiar de abuso, donde son frecuente y severamente castigados de forma aleatoria, por motivos que rara vez están relacionados con su mal comportamiento. Langevin y otros (1984) indicaron que los violadores no se identifican con sus padres (con ninguno de los dos). Estos padres anómalos son agresivos, alcohólicos y tienen problemas con la ley y, como consecuencia, sus hijos acaban reproduciendo estos mismos comportamientos. Además, Knight, Prentky, Schneider y Rosenberg (1983) mostraron evidencias de que el comportamiento antisocial en la infancia, que se produce en el seno de una familia hostil (Robbins, 1966), muy probablemente induce al niño a violar cuando se convierte en adulto. Disponemos de datos similares sobre exhibicionistas (Cox y Daitzman, 1980) y acosadores de niños (Finkelhor, 1979, 1984).

En general, la delincuencia juvenil y el comportamiento antisocial en el adulto están estrechamente relacionados con la baja calidad de las relaciones familiares en la infancia (Cadoret y Cain, 1980; Kolvin, Miller, Fletting y Kolvin, 1988; Loeber 1990; McCord 1979). No obstante, Smallbone y Dadds (1999) descubrieron que los problemas de apego entre madre e hijo predicen un comportamiento antisocial en la edad adulta, mientras que los que se producen entre padre e hijo predicen la agresión sexual en la edad adulta. Estas relaciones problemáticas entre padres e hijos se consideran vínculos paterno-filiales destructivos.

2.3. VÍNCULOS PATERNO-FILIALES

Bowlby (1969, 1973) fue el primero en señalar la crucial importancia de los lazos entre padres e hijos en el desarrollo normal del niño, e indicó que la calidad de estos vínculos proporciona al niño el modelo para futuras relaciones. Si la relación con los padres es buena, el niño pensará que las relaciones con otras personas también pueden serlo; si, por el contrario, esos vínculos son pobres, el niño asumirá que las relaciones interpersonales pueden ser problemáticas. Posteriores investigaciones han mostrado que las relaciones entre padres e hijos facilitan o impiden la adquisición de la seguridad y las habilidades necesarias para funcionar con efectividad, particularmente a la hora de relacionarse con otras personas. Así, a través de sus padres, los niños, no sólo aprenden qué pueden esperar de las relaciones con los demás, sino también las actitudes y conductas que facilitan o impiden el establecimiento de este tipo de lazos afectivos. Además, los padres disfuncionales suelen exteriorizar todo tipo de comportamientos inadecuados, e incluso antisociales, que el niño vulnerable puede imitar. Los malos padres, por ejemplo, son aquellos que frecuentemente abusan de la madre, tienen actitudes negativas hacia las mujeres en general y abusan de sus propios hijos. Cabe esperar, por lo tanto, que un chico joven y vulnerable que tiene la necesidad de controlar su propio mundo imite estas actitudes y conductas.

Ainsworth (Ainsworth, Blehar, Waters y Wall, 1978; Bell y Ainsworth, 1972) ha descrito tres estilos diferentes de vínculos afectivos (o estilos de apego) que reflejan la sensibilidad del cuidador hacia el niño: 1) seguro, 2) evitativo y 3) ansioso ambivalente. Cuando uno de los padres es cariñoso y sensible con el niño, éste desarrolla una manera segura de relacionarse con los demás: tiene más amigos, es más sociable y empatiza más con los que le rodean que aquellos niños con un vínculo afectivo inseguro (La Freniere y Sroufe, 1984; Sroufe, 1983; Waters, Wippman y Sroufe, 1979). Si la calidad de la relación padre-hijo es pobre, el niño desarrollará un estilo evitativo o ansioso-ambivalente a la hora de relacionarse con otras personas. Se consideran relaciones pobres aquellas en las que los padres, a la hora de relacionarse con sus hijos, están ausentes, les rechazan, son insensibles a sus necesidades, no son cariñosos o tienen dificultades para demostrar afecto y, finalmente, responden de un modo incoherente al comportamiento de sus hijos.

Aquellos niños que revelaron un estilo evitativo durante la infancia, cuando alcanzan la edad adulta no se enamoran, ni muestran fuertes vínculos amorosos

con nadie. Los chicos con un historial ansioso-ambivalente repiten el mismo patrón en sus relaciones
amorosas, que suelen ser cortas y superficiales (Feeney y Noller, 1990). Los que mostraron un estilo de
apego evitativo o ansioso ambivalente durante la infancia, de adultos dieron una puntuación alta en la *Escala de la Evitación de la Intimidad (Avoidance of Intimacy Scale)* (Feeney y Noller, 1990). Entre los individuos que desarrollan vínculos afectivos inseguros, las
relaciones afectivas pobres son frecuentes, no sólo en
la edad adulta, sino también en la infancia y la adolescencia (Main, Kaplan y Cassidy, 1985; Paterson y
Moran, 1988).

La capacidad para establecer relaciones íntimas y
maduras depende, según los teóricos que estudian dichos vínculos afectivos (por ejemplo, Weiss, 1982), de
la calidad de las relaciones entre el cuidador y el niño
durante los primeros años de la infancia. El cambio
que se produce del vínculo afectivo con ambos padres
a las relaciones en la adolescencia con sus semejantes
está determinado, en parte, por el tipo de experiencias
que el joven vive durante este difícil periodo transito-
rio. Un paso más en el desarrollo de las habilidades y
de la confianza que tanto se necesitan para poder establecer relaciones íntimas en la edad adulta es la buena calidad de las relaciones con sus semejantes durante la adolescencia. Los padres que apoyan a su hijo
durante su desarrollo facilitan estas experiencias for-
mativas, pero estos cambios, de normal beneficiosos
para el niño, pueden pasar inadvertidos o retrasarse si
los padres se muestran hostiles a medida que su hijo
se hace independiente.

Como resultado de estas observaciones y, particularmente de la experiencia clínica que se obtiene a
partir del estudio de los exhibicionistas, Marshall
(1989*a*) señaló que los delincuentes sexuales carecen
de relaciones estrechas en sus vidas y, como conse-

cuencia, se sienten solos. Cabe destacar que la soledad emocional es un fuerte predictor de la ira y la hostilidad general (Diamant y Windholz, 1981; Loucks, 1980), de la hostilidad específica hacia las mujeres (Check, Perlman y Malamuth 1985; Marshall y Hambley, 1996) y, finalmente, de la agresión no sexual (Check y otros, 1985). Además, Check y otros descubrieron que entre los hombres existía cierta relación entre la soledad y la existencia de informes previos de agresiones sexuales. Las investigaciones subsiguientes (Bumby y Hansen, 1997; Garlick, Marshall y Thorton, 1996; Seidman, Marshall, Hudson y Robertson, 1994) mostraron que los violadores, los agresores sexuales de niños, los delincuentes que cometen incesto y, finalmente, los exhibicionistas muestran déficit significativos en sus relaciones interpersonales y están extremadamente solos. Comparándolos con otros delincuentes —incluyendo a los delincuentes sexuales no violentos—, los delincuentes sexuales tienen menos relaciones íntimas y están mucho más solos que el resto.

Bartholomew (1993), por su parte, ha distinguido cuatro estilos de apego entre los adultos, cuyo origen podría estar en la infancia y que son similares a los que nombran los investigadores que estudian los vínculos existentes entre padres e hijos (Ainsworth, Blehar, Waters y Walls, 1978). Los vínculos seguros entre padres e hijos se dan cuando los padres les muestran amor y apoyo, les infunden confianza e interactúan con ellos de tal manera que les enseñan las habilidades sociales necesarias para tener buenas relaciones con los demás. Normalmente, estos padres fomentan en sus hijos el respeto hacia los demás, y les enseñan técnicas no agresivas de afrontamiento y resolución de problemas. Pero, desgraciadamente, no todos los padres se comportan de esta manera. Algunos de ellos abusan de sus hijos o son incoherentes en su disciplina, y aparentan no sentir ningún afecto o amor hacia ellos y sí rechazo o indiferencia. Estos vínculos inseguros entre padres e hijos generan en el niño una visión negativa de sí mismo, de los demás, o de ambas cosas. Estos niños normalmente fracasan a la hora de aprender habilidades sociales, tienen dificultades en la resolución de problemas y estilos de afrontamiento inadecuados. También se vuelven egocéntricos y no empatizan con nadie.

De acuerdo con los cuatro estilos de apego (definidos por Bartholomew, 1996) que se dan entre los adultos, aquellos que presentan un estilo seguro confían más en su capacidad de dar y recibir amor, se relacionan adecuadamente con los demás y, finalmente, piensan que los otros también son capaces de amar. Los que poseen un vínculo inseguro manifiestan uno de estos tres estilos: A) el estilo preocupado define a alguien que no se ve digno de inspirar amor, aunque sí reconoce en los demás esta cualidad. Estas personas, también llamadas ansiosas ambivalentes, desean firmemente establecer vínculos emocionales estrechos, pero acaban retrayéndose, por miedo al rechazo, cuando alguien se acerca demasiado a ellos. B) el estilo temeroso (o estilo evitativo 1) define a una persona que cree que no merece ser amada y, a su vez, duda de la capacidad que tienen los demás para amar y, por consiguiente, busca relaciones superficiales. Finalmente, el C) define a las personas con un estilo despreciativo (o estilo evitativo 2), que se caracterizan por tener un gran concepto de sí mismos, pero infravaloran a los demás y, por consiguiente, son explotadores en sus relaciones. Las investigaciones han demostrado que los delincuentes sexuales tienen más probabilidades que las demás personas de desarrollar uno de estos tres estilos de apego inseguros.

En resumen, un vínculo emocional inseguro entre padre e hijo vuelve vulnerable a este último, convirtiéndole en un sujeto falto de autoestima y de habilidades de afrontamiento y resolución de problemas, egocéntrico y con escasas y pobres relaciones sociales, debido a la falta de empatía. Todo ello hace que sea incapaz de satisfacer sus necesidades sexuales y afectivas de forma adecuada.

2.4. FACTORES SOCIOCULTURALES

Esta vulnerabilidad señalada anteriormente hace que el chico en desarrollo se vea atraído por ciertos temas que aparecen en los medios de comunicación que ponen el énfasis en el poder y el control de los hombres. Y estos temas sólo representan un pequeño aspecto de los muchos mensajes que la gente joven recibe a través de los medios de comunicación: la televisión, las películas, los libros y la publicidad reproducen aspectos que, en ocasiones, son socialmente adecuados, pero también muestran otros muchos que no lo son en absoluto. Algunas representaciones de las relaciones entre hombres y mujeres en los medios de comunicación, por ejemplo, describen a los hombres como poderosos y agresivos, y con derecho a tratar a las mujeres como deseen. Esta forma de ver las cosas tiene su mayor exponente en la pornografía, pero la pornografía no es la única fuente de esa clase de temas, como pone de manifiesto una rápida revisión de los argumentos empleados en conocidas series televisivas o películas. Geen (1983) señaló que los programas de televisión en Estados Unidos contienen más violencia que los programas emitidos en otras sociedades occidentales. Además, proporcionó una serie de datos muy interesantes que indicaban que la violencia en la televisión aumenta el número de agresiones y la aceptación de dichas agresiones en el espectador como si de algo natural se tratara. Estos mensajes que muestran relaciones distorsionadas entre hombres y mujeres tienen un gran atractivo para los chicos jóvenes que carecen de seguridad en sí mismos y que, como resultado, no se sienten completamente viriles en el sentido que tiene la palabra en películas como *Rambo*. Fantasear con llevar a la práctica estos roles masculinos distorsionados puede ser la única manera para que estos jóvenes sientan poder y control sobre sus vidas y vean esta clase de comportamientos como una garantía para la satisfacción de sus deseos que no encuentran en comportamientos socialmente adecuados.

Por su parte, los antropólogos han identificado tres características generales de la sociedad que parecen influir en la frecuencia con que se producen las violaciones: la violencia interpersonal, el dominio del hombre y la actitud negativa hacia la mujer. Por supuesto, hemos encontrado ciertos problemas en estas investigaciones. En primer lugar, porque se han llevado a cabo en sociedades subdesarrolladas y primitivas, por lo que no está del todo claro que podamos extrapolar sus experiencias a nuestra sociedad. En segundo lugar, el investigador estima la tasa de violaciones a partir de los testimonios ofrecidos por los miembros de cada sociedad, cuando el concepto de violación varía entre ellas (Chappell, 1976) e incluso entre los miembros de una misma sociedad (Rusell, 1984). No obstante, estos problemas muestran que la frecuencia con que se producen las violaciones varía notablemente de una sociedad subdesarrollada a otra (Quinsey, 1984). La característica más relevante que se puede extraer es que, en aquellas sociedades con un alto índice de violaciones, la violencia interpersonal a la hora de resolver problemas se acepta como normal. Otterbein (1979) examinó 135 culturas no alfabetizadas y descubrió que la *vendetta* es uno de los principales factores asociados con una frecuencia elevada de agresiones sexuales. En un estudio similar realizado con 156 sociedades triba-les, Sanday (1981) descubrió que las características de aquellas tribus que eran «proclives a violar» eran las siguientes: atacaban a otros grupos, entraban en gue-rras y en su seno se daba un alto grado de violencia e imperaba una ideología que exaltaba la fortaleza mas-culina.

Por el contrario, aquellas sociedades donde rara-mente se producía alguna violación no eran violentas (Sanday, 1981).

Las otras dos características culturales que parecen estar asociadas al alto porcentaje de agresiones son la aceptación social del dominio del hombre y las actitu-des negativas hacia la mujer. Entre las sociedades con un elevado porcentaje de violaciones se encuentra la tri-bu de los yanomamis, donde el hombre ejerce el poder político y la mujer es considerada, esencialmente, un botín de guerra, ignorando por completo sus deseos sexuales (Chagnon, 1977). De hecho, cuando las mu-jeres yanomami no acatan los dictados del hombre son frecuentemente asesinadas. Por el contrario, la so-ciedad ashanti se caracterizaba por la igualdad de se-xos y el respeto a la mujer. Ratray (1923) no halló nin-guna señal de que en el seno de esta sociedad se pro-dujeran violaciones.

Distintos estudios sobre las sociedades occidentales han demostrado que también en ellas se dan las ca-racterísticas antes señaladas en relación con la agre-sión sexual. Por ejemplo, la aceptación social del do-minio del hombre está asociada con la actitud negati-va hacia la mujer, con la asunción de los mitos de la violación y, finalmente, con uno u otro de los siguien-tes aspectos: haber violado o con el reconocimiento del hombre de que violaría si estuviese seguro de no ser descubierto (Burt, 1980; Malamuth, 1981). Ade-más, los hombres que poseen una fuerte necesidad de dominio aceptan más fácilmente la violación y tienden a restarle importancia (Stewart y Sokol, 1977). Muchas escritoras feministas (por ejemplo, Brownmiller, 1975; Medea y Thompson, 1974; Rusell, 1975) contemplan la violación como una forma de perpetuar el dominio del hombre, lo que no nos sorprende en absoluto. En nuestras sociedades, los delincuentes sexuales sostienen las mismas opiniones que en su día predominaron en las sociedades con un alto "porcentaje" de violaciones estudiadas por los antropólogos (Burt, 1980; Rusell, 1984).

2.5. EXPERIENCIAS JUVENILES

Las experiencias sexuales durante la juventud también juegan un papel importante en nuestra teoría. Un número muy alto de delincuentes sexuales manifiestan haber sufrido abusos sexuales durante su infancia (Dhawan y Marshall, 1996; Hanson y Slater, 1988) y sabemos que los agresores sexuales empiezan a masturbarse antes y con mayor frecuencia que los otros varones (Cortoni y Marshall, 1996). Presumiblemente, la masturbación constituye la única forma en que estos jóvenes vulnerables pueden sentirse bien en un mundo, por lo demás, ingrato. Y lo que es más importante, Cortoni y Marshall (1999) descubrieron que la frecuencia con la que el adolescente se masturba es un buen predictor de la agresión sexual en la edad adulta. Cuando el sexo (en este caso la masturbación) es utilizado como un modo de escapar de la miseria, de inmediato se convierte en una forma de afrontar todos los problemas. Esto sucede porque, en términos de condicionamiento, el sexo es reforzado, tanto negativa (por ejemplo, como modo de escapar de los problemas) como positivamente (por ejemplo, por el placer del orgasmo). Así, el sexo se convierte en un modo habitual de afrontar todo tipo de dificultades, incluido el malestar emocional. Nosotros (Cortoni, Heil y Marshall, 1996) hemos demostrado que, de hecho, los agresores sexuales utilizan el sexo como el principal mecanismo de afrontamiento.

El abuso sexual infantil, además de las nefastas consecuencias que tiene para el niño, puede crear en los niños vulnerables y emocionalmente necesitados ciertos sentimientos de placer y bienestar. Aunque estos niños no son los únicos que padecen abuso sexual, es a ellos a los que los agresores sexuales buscan, presumiblemente porque satisfaciendo algunas de las necesidades del niño (por ejemplo, cariño físico o sensaciones de placer sexual) reducen la probabilidad de que éste los denuncie. De todos modos, estos sentimientos placenteros refuerzan aún más la disposición a utilizar el sexo como un medio, aunque sea temporalmente, para enfrentarse a los problemas. Además, el que una persona mayor abuse de ellos proporciona a la víctima un modelo de relación entre niño y adulto aunque sea inapropiado. Este hecho y el placer derivado de los aspectos físicos del abuso pueden explicar por qué las relaciones abusivas durante la infancia pueden llevar a una víctima vulnerable a convertirse en agresor sexual.

Al recordar el abuso sexual, el chico puede tan sólo recordar los aspectos agradables. Y, entonces, si asocia estos aspectos a la masturbación, la idea del sexo entre un adulto y un menor empezará a serle atractiva, predisponiéndole a convertirse en un maltratador infantil.

También puede aprender que se puede coger de los demás lo que se que quiera, siempre y cuando se sea lo suficientemente poderoso para hacerlo. De esta forma, hay tantas probabilidades de que ataque sexualmente a alguien de su misma edad como que abuse de un niño.

También hay chicos que se convierten en agresores sexuales sin haber sido víctimas de abuso sexual. Sin embargo, la explicación está en que su vulnerabilidad les pudo llevar a tener una conducta determinada que, a su vez, actuó como refuerzo de esa disposición a abusar. Un chico joven que es continuamente rechazado por chicas de su edad por falta de habilidades, o porque no tiene la suficiente seguridad en sí mismo como para acercarse a ellas, puede comenzar a fantasear con encuentros sexuales con chicas que se someten a sus deseos. Entonces, puede combinar estas fantasías con la excitación sexual inducida por la masturbación. En estas fantasías el chico puede ser poderoso e intimidador, y la chica sumisa y obediente. También la observación del comportamiento de su padre y de sus actitudes hacia las mujeres, así como las imágenes en los medios de comunicación, pueden alimentar este tipo de fantasías.

Tuvimos un cliente de 14 años cuyos padres eran particularmente abusivos. Como consecuencia, él carecía de seguridad en sí mismo, no tenía habilidades sociales y se masturbaba frecuentemente para sentirse bien. El padre de un conocido de este niño tenía una colección de material pornográfico y uno de los vídeos mostraba a un hombre vestido de negro que atacaba y violaba a una adolescente en un parque con una soga y un cuchillo. El niño se masturbaba repetidamente mientras veía este vídeo. Finalmente, se vistió de negro, cogió un cuchillo y una cuerda y violó a una adolescente en un parque casi exactamente como en el vídeo.

2.6. Desinhibición y oportunidad

Una vez la disposición a agredir se ha consolidado, cualquier reserva que pueda existir frente a la misma puede desaparecer bajo una serie de influencias. Proulx y sus colegas (McKibben, Proulx y Lusignan,

1994; Proulx, McKibben y Lusignan, 1996) han mostrado que determinados estados de ánimo como, por ejemplo, la depresión, la ansiedad y la sensación de soledad, incrementan las tendencias desviadas de los agresores sexuales. Asimismo, Looman (1999) ha mostrado que las fantasías sexuales desviadas aumentan entre los agresores cuando se sienten solos, deprimidos o rechazados por una mujer. Igualmente, se ha comprobado que tanto la intoxicación por alcohol (Barbaree, Marshall, Yates y Lightfoot, 1979) como la ira (Yates, Barbaree y Marshall, 1984), desinhiben la represión de actos sexualmente desviados. También se ha indicado que sentimientos como la vergüenza (Bumby, Langton y Marshall, en prensa) y determinadas actitudes, creencias y percepciones distorsionadas (Ward, Hudson, Johnston y Marshall, 1997; Ward, Hudson y Marshall, 1995) facilitan la comisión de la agresión sexual en hombres con predisposición a esa clase de actos. Todos estos factores pueden desinhibir la represión del abuso sexual.

Por supuesto, si no se le presenta la oportunidad, un hombre no puede delinquir, por muy predispuesto que esté a ello (Ward, 1999). Algunas agresiones sexuales están claramente planeadas, a veces con mucha antelación. Este tipo de agresores suele pasar mucho tiempo preparando la ocasión, por ejemplo, siendo simpático con la potencial víctima y su familia, o planificando detalladamente el asalto a una mujer. Para otros agresores la primera oportunidad para agredir se presenta fortuitamente (Marshall y Serran, en prensa). Sin embargo, sólo aquellos hombres con una predisposición a agredir aprovechan la oportunidad cuando ésta se presenta. Una vez la agresión se ha consumado, es muy probable que el agresor la repita en su fantasía, recordando sólo aquellos aspectos que sucedieron tal y como había planificado, y probablemente añadirá detalles que aumenten su satisfacción. Repetir esas fantasías durante la masturbación reforzará los aspectos gratificantes del abuso, mientras que los aspectos negativos, tales como el miedo a ser detenido o la resistencia de la víctima, serán poco a poco eliminados. De este modo se irá consolidando una sólida predisposición a agredir (Laws y Marshall, 1990).

Sumario de esta teoría

Por supuesto, nada de lo que he dicho anteriormente tiene por qué conducir necesariamente a la agresión sexual. De hecho, un chico joven vulnerable puede conocer a un mentor que le dé seguridad y le enseñe las habilidades necesarias para convertirse en un buen ciudadano; o puede sentir repugnancia hacia el hombre que abusa sexualmente de él y detestar esa clase de comportamiento. También puede conocer a una chica que responda positiva y pacientemente a sus torpes proposiciones y, como resultado, desarrollar la seguridad y la habilidad necesarias para satisfacer sus necesidades sexuales e íntimas de un modo adecuado. También puede ocurrir que, tras la primera agresión sexual, el chico quede tan horrorizado de lo que ha hecho y tenga tanto miedo a ser descubierto, que se aleje de esos comportamientos y no los vuelva a repetir. Nada en el comportamiento humano es inmutable y ninguna experiencia lleva inexorablemente a otra. Las experiencias puntuales y, algunas veces, los acontecimientos aparentemente triviales pueden cambiar la trayectoria del desarrollo individual humano, y esas experiencias y acontecimientos son inaccesibles a los investigadores. Así es la naturaleza del comportamiento humano; siempre permanece algo oculto a nuestro análisis.

Lo que he descrito no es una tesis, sino una hipótesis mediante la cual podemos examinar las posibles influencias que pueden llevar a un hombre a convertirse en un delincuente. Por el momento es todo lo que tenemos, y no debemos olvidar que esta teoría tiene ciertas ventajas. El valor de las teorías científicas no radica en que revelan la verdad, puesto que pocas sobreviven al contrastación empírica por mucho tiempo, sino en que integran los conocimientos presentes en el momento y hacen predicciones que incrementan el conocimiento. Por el momento, nuestra teoría ha generado gran cantidad de investigaciones y ha sobrevivido a las contrastaciones empíricas, con algunas pequeñas modificaciones. A este respecto, ha cumplido su propósito y esperamos futuros desarrollos que requieran o bien dejar de lado nuestra teoría en favor de otra mejor, o bien modificarla para afrontar nuevas informaciones.

3. Conclusión

Como hemos visto, los delincuentes sexuales no son tan distintos del resto como para que podamos distinguirlos fácilmente. Y, en consecuencia, no resulta sencillo protegernos de ellos. Sin embargo, empezamos a conocer los rasgos que los caracterizan y los orígenes de su comportamiento. Hemos esbozado una teoría sobre cómo los agresores sexuales desarrollan sus tendencias desviadas que tienen su origen en las experiencias de la niñez y juventud. Estas experiencias ocasionan su vulnerabilidad que, a su vez, genera una visión sobre uno mismo y sobre los demás que, combinada con pobres habilidades sociales, impide al chico en fase de crecimiento satisfacer sus necesidades de un modo socialmente adecuado. Los mensajes socioculturales que dotan a los varones de poder y privilegios son interiorizados por estos chicos y la desinhibición que producen ciertas influencias, así como las oportunidades que se presentan, preparan el terreno para la aparición y la posterior consolidación de las agresiones sexuales. Sin embargo, en cada cruce a lo largo de este camino hacia la conducta desviada se presentan oportunidades para cambiar el curso de los acontecimientos.

Una teoría sobre la etiología de la delincuencia sexual es muy útil en muchos aspectos. Nos permite identificar los factores de riesgo y, de este modo, desarrollar estrategias preventivas y definir los objetivos del tratamiento para estos delincuentes. El próximo capítulo describirá con mayor precisión lo que sabemos acerca de las características de los agresores sexuales que necesitan tratamiento.

Referencias bibliográficas

Abel, G. G.; Osborn, C. A. y Warberg, B. W. (1998): «Professionals», en W. L. Marshall, Y. M. Fernández, S. M. Hudson y T. Ward (eds.), *Sourcebook of treatment programs for sexual offenders*, New York, Plenum Press, pp. 319-335.

Adams, D. B. (1968): «Cells related to fighting behavior recorded from midbrain central gray neuropil of cat», *Science*, 159, pp. 894-896.

Ainsworth, M. D. S.; Blehar, M. C.; Waters, E. y Walls, S. (1978): *Patterns of attachment: A psychological study of the Strange Situation*, Hillsdale, NJ, Lawrence Erlbaum.

Baenninger, R. (1974): «Some consequences of aggressive behavior: A selective review of the literature on other animals», *Aggressive Behavior*, 1, pp. 17-37.

Barbaree, H. E.; Marshall, W. L. y Hudson, S. M. (eds.) (1993): *The juvenile sex offender*, New York, Guilford Press.

Barbaree, H. E.; Marshall, W. L.; Yates, E. y Lightfoot, L. O. (1983): «Alcohol intoxication and deviant sexual arousal in male social drinkers», *Behaviour Research and Therapy*, 21, pp. 365-373.

Bartholomew, K. (1993): «From childhood to adult relationships: Attachment theory and research», en S. Duck (ed.), *Learning About Relationships: Understanding Relationship Processes series*, vol. 2, Newbury Park CA, Sage Publications.

Bateson, P. P. G. (1978): «Early experience and sexual preferences», en J. B. Hutchinson (ed.), *Biological determinants of sexual behaviour*, New York, John Wiley, pp. 29-53.

Beck, A. T. (1967): *Depression: Clinical, experimental and theoretical aspects*, New York, Harper Row.

Bell, S. M. y Ainsworth, M. D. S. (1972): «Infant crying and maternal responsiveness», *Child Development*, 43, pp. 1171-1190.

Bowlby, J. (1969): *Attachment and loss: Vol. 1. Attachment*, New York, Basic Books.

— (1973): *Attachment and loss: Vol. 2. Separation: Anxiety and anger*, Basic Books.

Bronson, F. H. y Desjardin, C. (1969): «Aggressive behavior and seminal vesicle function in mice: Differential sensitivity to androgen given neonatally», *Endocrinology*, 15, pp. 971-974.

Brownmiller, S. (1975): *Against our will: Men, women, and rape*, New York, Simon & Schuster.

Bumby, K. M. y Hansen, D. J. (1997): «Intimacy deficits, fear of intimacy, and loneliness among sex offenders», *Criminal Justice and Behavior*, 24, pp. 315-331.

Bumby, K. M.; Langton, C. M.; Marshall, W. L. (en prensa): «Shame and guilt, and their relevance for sexual offender treatment», en B. K. Schwartz y H. R. Cellini (eds.), *The sex offender* (vol. 3), Kingston, NJ, Civic Research Institute.

Burt, M. R. (1980): «Cultural myths and supports for rape», *Journal of Personality and Social Psychology*, 38, pp. 217-230.

Cadoret, R. J. y Cain, C. (1980): «Sex differences in predictors of antisocial behavior in adoptees», *Archives of General Psychiatry*, 37, pp. 1171-1175.

Coleman, E. y Haaven, J. (1998): «Adult intellectually disabled sexual offenders: Program considerations», en

W. L. Marshall, Y. M. Fernández, S. M. Hudson y T. Ward (eds.), *Sourcebook of treatment programs for sexual offenders*, New York, Plenum Press, pp. 273-285.

Cortoni, F. y Marshall, W. L. (octubre, 1995): *Childhood attachments, juvenile sexual history and adult coping skills in sex offenders*, ponencia presentada en la 14th Annual Research and Treatment Conference of the Association for the Treatment of Sexual Abusers, New Orleans.

— (agosto, 1996): *Juvenile sexual history, sex and coping strategies: A comparison of sexual and violent offenders*, ponencia presentada en el International Congress of Psychology, Montreal.

— (1999): *Sex as coping strategy and its relationship to juvenile sexual activities and intimacy in sexual offenders*, Entregado para su publicación.

Cortoni, F.; Heil, P. y Marshall, W. L. (noviembre, 1996): *Sex as a coping mechanism and its relationship to loneliness and intimacy deficits in sexual offending*, ponencia presentada en la 15th Annual Research and Treatment Conference of the Association for the Treatment of Sexual Offenders, Chicago.

Cox, D. J. y Daitzman, R. J. (1980): *Exhibitionism: Description, assessment and treatment*, New York, Garland STPM Press.

Cull, D. M. y Wehner, D. M. (1997): «Australian aborigines: Cultural factors pertaining to the assessment and treatment of Australian aboriginal sexual offenders», en W. L. Marshall, Y. M. Fernández, S. M. Hudson y T. Ward (eds.), *Sourcebook of treatment programs for sexual offenders*, New York, Plenum Press, pp. 431-444.

Chagnon, N. A. (1977): *Yanomamo: The fierce people* (2.ª ed.), Toronto, Holt, Rinehart & Winston.

Chappell, D. (1976): «Cross-cultural research on forcible rape», *International Journal of Criminology and Penology*, 4, pp. 295-304.

Check, J. V. P.; Perlman, D. y Malamuth, N. M. (1985): «Loneliness and aggressive behavior», *Journal of Social and Personal Relations*, 2, pp. 243-252.

DeLora, J. S. y Warren, C. A. B. (1977): *Understanding sexual interaction*, Boston, Houghton Mifflin.

Dennis, M. J. P. y Baker, K. A. (1997): «Evaluation and treatment of deaf sexual offenders: A multicultural perspective», en W. L. Marshall, Y. M. Fernández, S. M. Hudson y T. Ward (eds.), *Sourcebook of treatment programs for sexual offenders*, New York, Plenum Press, pp. 287-302.

Dhawan, S. y Marshall, W. L. (1996): «Sexual abuse histories of sexual offenders», *Sexual Abuse: A Journal of Research and Treatment*, 8, pp. 7-15.

Diamant, I. y Windholz, G. (1981): «Loneliness in college students: Some theoretical, empirical and therapeutic considerations», *Journal of College Students Personality*, 22, pp. 515-522.

Eibl-Eibesfeldt, I. (1977): «Evolution of destructive aggression», *Aggressive Behavior*, 3, pp. 127-144.

Ellerby, L. y Stonechild, J. (1997): «Blending the traditional with the contemporary in the treatment of aboriginal sexual offenders: A Canadian experience», en W. L. Marshall, Y. M. Fernández, S. M. Hudson y T. Ward (eds.), *Sourcebook of treatment programs for sexual offenders*, New York, Plenum Press, pp. 399-415.

Elliott, M. (1993): *Female sexual abuse of children*, New York, Guilford Press.

Feeney, J. S. y Noller, P. (1990): «Attachment style as a predictor of adult romantic relationships», *Journal of Personality and Social Psychology*, 58, pp. 281-291.

Finkelhor, D. (1979): *Sexually victimized children*, New York, Free Press.

Finkelhor, D. (1984): *Child sexual abuse: New theory and research*, New York, Free Press.

Garlick, Y.; Marshall, W. L. y Thornton, D. (1996): «Intimacy deficits and attribution of blame among sexual offenders», *Legal and Criminological Psychology*, 1, pp. 251-258.

Geen, R. G. (1983): «Aggression and television violence», en R. G. Geen y E. I. Donnerstein (eds.), *Aggression: Theoretical and empirical reviews* (vol. 2), New York, Academic Press, pp. 103-125

Hanson, R. K. y Slater, S. (1988): «Sexual victimization in the history of sexual abusers: A review», *Annals of Sex Research*, 1, pp. 485-499.

Hays, S. E. (1981): «The psychoendrocrinology of puberty and adolescent aggression», en D. A. Hamburg y M. B. Trudeau (eds.), *Biobehavioral aspects of aggression*, New York, A. R. Liss, pp. 107-119

Hucker, S. J. y Bain, J. (1990): «Androgenic hormones and sexual assault», en W. L. Marshall, D. R. Laws y H. E. Barbaree (eds.), *Handbook of sexual assault: Issues, theories, and treatment of the offender*, New York, Plenum Press, pp. 93-102.

Johnson, T. C. (1998): «Children who molest», en W. L. Marshall, Y. M. Fernández, S. M. Hudson y T. Ward (eds.), *Sourcebook of treatment programs for sexual offenders*, New York, Plenum Press, pp. 337-352.

Jones, R. L.; Winkler, M. X.; Kacin, E.; Salloway, W. N. y Weissman, M. (1998): «Community-based sexual offender treatment for inner-city African-American and Latino youth», en W. L. Marshall, Y. M. Fernández, S. M. Hudson y T. Ward (eds.), *Sourcebook of treatment programs for sexual offenders*, New York, Plenum Press, pp. 457-476.

Karli, P.; Vergnes, M.; Eclander, F. y Penot, C. (1977): «Involvement of the amygdala in inhibitory control over aggression in the rat: A synopsis», *Aggressive Behavior*, 3, pp. 157-162.

Kelly, A. F. (1998): «Clergy offenders», en W. L. Marshall, Y. M. Fernández, S. M. Hudson y T. Ward (eds.), *Sourcebook of treatment programs for sexual offenders*, New York, Plenum Press, pp. 303-318.

Knight, R.; Prentky, R.; Schneider, B. y Rosenberg, R. (1983): «Linear causal modeling adaptation and criminal history in sex offenders», en K. Van Dusen y S. Mednick (eds.), *Prospective studies of crime and delinquency*, Boston, Kluwer-Nijhoff, pp. 303-341.

Kolvin, I.; Miller, F. J. W.; Fletting, M. y Kolvin, P. A. (1988): «Social and parenting factors affecting criminal-offence rates. Findings from the Newcastle Thousand Family Study (1947-1980)», *British Journal of Psychiatry*, 152, pp. 80-90.

Kraemar, H. C.; Becker, H. B.; Brodie, H. K. H.; Doering, C. H.; Moss, R. H. y Hamburg, D. A. (1976): «Orgasmic frequency and plasma testosterone levels in normal males», *Archives of Sexual Behavior*, 5, pp. 125-132.

Lack, D. (1943): *The life of the robin*, Cambridge, UK, Cambridge University Press.

LaFreniere, P. y Sroufe, L. A. (1984): «Profiles of peer competence in the preschool: Interrelations between measures, influence of social ecology, and relation to attachment history», *Child Development*, 21, pp. 56-68.

Langevin, R.; Bain, J.; Ben-Aron, M.; Coulthard, R.; Day, D.; Handy, L.; Heasman, G.; Hucker, S.; Purdins, J.; Roper, V.; Russon, A.; Webster, C. y Wortzman, G. (1984): «Sexual aggression: Constructing a predictive equation. A controlled pilot study», en R. Langevin (ed.), *Erotic preference, gender identity, and aggression in men: New research studies*, Hillsdale NJ, Lawrence Erlbaum, pp. 39-76.

Larsen, J.; Robertson, P.; Hillman, D. y Hudson, S. M. (1998): «Te Piriti: A bicultural model for treatment of child molesters in Aotearoa/New Zealand», en W. L. Marshall, Y. M. Fernández, S. M. Hudson y T. Ward (eds.), *Sourcebook of treatment programs for sexual offenders*, New York, Plenum Press, pp. 385-398.

Laws, D. R. y Marshall, W. L. (1988, November): *A conditioning theory of the etiology and maintenance of deviant sexual preferences and behavior*, ponencia presentada en el Annual Meeting of the American Society of Criminology, Chicago.

— (1990): «A conditioning theory of the etiology and maintenance of deviant sexual preferences and behavior», en W. L. Marshall, D. R. Laws y H. E. Barbaree (eds.), *Handbook of sexual assault: Issues, theories, and treatment of the offender*, New York, Plenum Press, pp. 209-229.

Leon, C. (1969): «Unusual patterns of crime during LaViolencia in Columbia», *American Journal of Psychiatry*, 125, pp. 1564-1575.

Loeber, R. (1990): «Development and risk factors of juvenile antisocial behavior and delinquency», *Clinical Psychology Review*, 10, pp. 1-41.

Looman, J. (1999): «Mood, conflict, and deviant fantasies», en B. K. Schwartz (ed.), *The sex offender: Theoretical ad-*

*vances, treating special populations and legal develop-
ments*, Kingston, NJ, Civic Research Institute, pp. 3.1-
3.11.

Loucks, S. (1980): «Loneliness, affect, and self-concept:
Construct validity of the Bradley Loneliness Scale»,
Journal of Personality Assessment, 44, pp. 142-147.

MacLean, P. D. (1962): «New findings relevant to the evolution of psychosexual functions of the brain», *Journal of
Nervous and Mental Disease*, 135, pp. 289-301.

Main, M.; Kaplan, N. y Cassidy, J. (1985): «Security in in-
fancy, childhood, and adulthood: A move to the level of
representation», *Monographs of the Society for Research
in Child Development*, 50, pp. 66-104.

Malamuth, N. M. (1981): «Rape proclivity among males»,
Journal of Social Issues, 37, pp. 138-157.

Marshall, L. E. y Marshall, W. L. (1999): *Childhood and
adult attachments in sexual offenders*, entregado para su
publicación.

Marshall, W. L. (febrero, 1978): *A behavioral analysis of
deviant sexuality*, ponencia presentada en el Annual
Meeting of the Ontario Psychological Association, Ottawa.

— (1988): «Use of sexually explicit stimuli by rapists and
child molesters», *Journal of Sex Research*, 25, pp. 267-
288.

— (marzo, 1984): *Rape as a socio-cultural phenomenon*,
J.P.S. Robertson Annual Lecture, Trent University, Pe-
terborough, Ontario.

— (mayo, 1985): *Social causes of rape*, Visiting Fellows'
Public Lecture, University of Western Australia, Perth.

— (1989*a*): «Invited essay: Intimacy, loneliness and sexual
offenders», *Behaviour Research and Therapy*, 27,
pp. 491-503.

— (1989*b*): «Pornography and sex offenders», en D. Zill-
mann and J. Bryant (eds.), *Pornography: recent research,
interpretations, and policy considerations*, Hillsdale, NJ,
Lawrence Erlbaum, pp. 185-214.

— (1993*a*): «The role of attachment, intimacy, and loneliness in the etiology and maintenance of sexual offending», *Sexual and Marital Therapy*, 8, pp. 109-121.

— (noviembre, 1993*b*): *The multifaceted role of empathy in sexual violence*, ponencia presentada en la 12th Annual Research and Treatment Conference of the Association for the Treatment of Sexual Abusers, Boston.

— (1994): «Pauvreté des liens d'attachement et déficiences dans les rapports intimes chez les agresseurs sexuels», *Criminologie*, XXVII, pp. 55-69.

— (1995): «The treatment of sex offenders in a community clinic», en R. R. Ross, D. H. Antonowicz y G. K. Dhaliwal (eds.), *Going straight: Effective delinquency prevention and offender rehabilitation*, Ottawa, Air Training and Publications, pp. 277-305.

— (1996): «Psychological evaluation in sexual offence cases», *Queen's Law Journal*, 21, pp. 499-514.

Marshall, W. L.; Anderson, D. y Champagne, F. (1996): «Self-esteem and its relationship to sexual offending», *Psychology, Crime & Law*, 3, pp. 81-106.

Marshall, W. L.; Anderson, D. y Fernández, Y. M. (1999): *Cognitive behavioural treatment of sexual offenders*, London, John Wiley & Sons.

Marshall, W. L. y Barbaree, H. E. (1984): «A behavioral view of rape», *International Journal of Law and Psychiatry*, 7, pp. 51-77.

— (1990): «An integrated theory of the etiology of sexual offending», en W. L. Marshall, D. R. Laws y H. E. Barbaree (eds.), *Handbook of sexual assault: issues, theories, and treatment of the offender*, New York, Plenum Press, pp. 257-275.

Marshall, W. L. y Eccles, A. (octubre, 1992): *A multiple causation explanation of sexual offending*, ponencia presentada en la 11th Annual Research and Treatment Conference of the Association for the Treatment of Sexual Abusers, Portland OR.

— (1993): «Pavlovian conditioning processes in adolescent sex offenders», en H. E. Barbaree, W. L. Marshall y S. M. Hudson (eds.), *The juvenile sex offender*, New York, Guilford Press, pp. 118-142.

Marshall, W. L. y Hambley, L. S. (1996): «Intimacy and loneliness, and their relationship to rape myth acceptance and hostility toward women among rapists», *Journal of Interpersonal Violence*, 11, pp. 586-592.

Marshall, W. L.; Hudson, S. M. y Hodkinson, S. (1993): «The importance of attachment bonds in the development of juvenile sex offending», en H. E. Barbaree, W. L. Marshall y S. M. Hudson (eds.), *The juvenile sex offender*, New York, Guilford Press, pp. 164-181.

Marshall, W. L.; Hudson, S. M.; Jones, R. y Fernández, Y. M. (1995): «Empathy in sex offenders», *Clinical Psychology Review*, 15, pp. 99-113.

Marshall, W. L.; Laws, D. R. y Barbaree, H. E. (eds.) (1990): *Handbook of sexual assault: Issues, theories, and treatment of the offender*, New York, Plenum Press.

Marshall, W. L. y Serran, G. (en prensa): «Improving the effectiveness of sexual offender treatment», *Trauma, Violence, & Abuse: A Review Journal*.

McCord, J. (1979): «Some child-rearing antecedents of criminal behavior in adult men», *Journal of Personality and Social Psychology*, 9, pp. 1477-1486.

McKibben, A.; Proulx, J. y Lusignan, R. (1994): «Relationships between conflict, affect and deviant sexual behaviors in rapists and pedophiles», *Behaviour Research and Therapy*, 32, pp. 571-575.

Medea, A. y Thompson, K. (1974): *Against rape*, New York, Farrar, Straus & Giroux.

Money, J. (1965): *Sex research: New developments*, New York, Holt, Rinehart & Winston.

Moro, P. E. (1998): «Treatment for Hispanic sexual offenders», en W. L. Marshall, Y. M. Fernández, S. M. Hudson y T. Ward (eds.), *Sourcebook of treatment programs for sexual offenders*, New York, Plenum Press, pp. 445-456.

Moss, R. L. y Foreman, M. M. (1976): «Potentiation of lordosis behavior by intrahypothalamic infusion of synthetic luteinizing hormone-releasing hormone», *Neuroendocrinology*, 20, pp. 176-181.

Moyer, K. E. (1976): *The psychobiology of aggression*, New York, Harper & Row.

Noble, H. K. y Bradley, H. T. (1933): «The mating behavior of lizards», *Natural History*, 34, pp. 1-15.

Otterbein, K.F. (1979): «A cross-cultural study of rape», *Aggressive Behavior*, 5, pp. 425-435.

Paterson, R. J. y Moran, G. (1988): «Attachment theory, personality development and psychotherapy», *Clinical Psychology Review*, 8, pp. 611-636.

Pfaff, D. W. (1973): «Luteinizing hormone-releasing factor potentiates lordosis behavior in hypophysectomized ovariectomized female rats», *Science*, 182, pp. 1148-1149.

Proulx, J.; McKibben, A. y Lusignan, R. (1996): «Relationships between affective components and sexual behaviors in sexual aggressors», *Sexual Abuse: A Journal of Research and Treatment*, 8, pp. 279-289.

Quinsey, V. L. (1984): «Sexual aggression: Studies of offenders against women», en D. Weisstub (ed.), *Law and mental health: International perspectives* (vol. 1), New York, Pergamon Press, pp. 84-121.

Rada, R. T. (1978): *Clinical aspects of the rapist*, New York, Grune & Stratton.

Rada, R. T.; Laws, D. R. y Kellner, R. (1976): «Plasma testosterone levels in the rapist», *Psychosomatic Medicine*, 38, pp. 257-268.

Rattary, R. S. (1923): *Ashanti*, Oxford, UK, Clarendon Press.

Robins, L. N. (1966): *Deviant children grown up*, Baltimore, Williams & Wilkins.

Russell, D. E. H. (1975): *The politics of rape*, New York, Stein & Day.

— (1984): *Sexual exploitation: Rape, child sexual abuse and workplace harassment*, Thousand Oaks, Sage Publications.

Sanday, P. R. (1981): *Female power and male dominance*, London, Cambridge University Press.

Seidman, B. T.; Marshall, W. L.; Hudson, S. M. y Robertson, P. J. (1994): «An examination of intimacy and loneliness in sex offenders», *Journal of Interpersonal Violence*, 9, pp. 518-534.

Sizonenko, P.C. (1978): «Endocrinology in preadolescents and adolescents», *American Journal of Diseases of Children*, 132, pp. 704-712.

Smallbone, S. W. y Dadds, M. R. (en prensa): «Attachment and coercive sexual behaviour», *Sexual Abuse: A Journal of Research and Treatment*.

Sroufe, L. A. (1983): «Infant-caregiver attachment and patterns of adaptation in preschool: The roots of maladaptation and competence», en M. Perlmutter (ed.), *Minnesota Symposium on child psychology* (vol. 16), Hillsdale, NJ, Erlbaum, pp. 41-83.

Stewart, A. J. y Sokol, M. (septiembre de 1977), *Male and female conceptions of rape*, ponencia presentada en el Meeting of the Eastern Psychological Association, Boston.

Storr, A. (1972): *Human destructiveness*, New York, Morrow.

Tobach, E.; Gianutos, J.; Topoff, H. R. y Gross, C. G. (1974): *The four horsemen: Racism, sexism, militarism and social Darwinism*, New York, Behavioral Publications.

Vale, W.; Rivier, C. y Brown, M. (1977): «Regulatory peptides of the hypothalamus», *Annual Review of Physiology*, 39, pp. 473-527.

Valzelli, L. (1981): *Psychobiology of aggression and violence*, New York, Raven.

Ward, T. (1999): «A self-regulation model of the relapse process in sexual offenders», en B. K. Schwartz (ed.), *The sex offender: Theoretical advances, treating special population and legal developments*, Kingston, NJ, Civic Research Institute, pp. 6.1-6.8.

Ward, T.; Hudson, S. M. y McCormack, J. (1997): «Attachment style, intimacy deficits, and sexual offending», en B. K. Schwartz y H. R. Cellini (eds.), *The sex offender: New insights, treatment innovations and legal developments*, Kingston, NJ, Civic Research Institute, pp. 2.1-2.14.

Ward, T.; Hudson, S. M. y Marshall, W. L. (1995): «Cognitive distortions and affective deficits in sex offenders: A cognitive deconstructionist interpretation», *Sexual Abuse: A Journal of Research and Treatment*, 7, pp. 67-83.

Ward, T.; Hudson, S. M.; Johnston, L. y Marshall, W. L. (1997): «Cognitive distortions in sex offenders: An integrative review», *Clinical Psychology Review*, 17, pp. 479-507.

Ward, T.; Hudson, S. M.; Marshall, W. L. y Siegert, R. J. (1995): «Attachment style in sex offenders: A theoretical framework», *Sexual Abuse: A Journal of Research and Treatment*, 7, pp. 317-335.

Waters, E.; Wippman, J. y Sroufe, L. A. (1979): «Attachment, positive affect, and competence in the peer group: Two studies in construct validation», *Child Development*, 50, pp. 821-829.

Weiss, R. S. (1973): *Loneliness: The experience of emotional and social isolation*, Cambridge, MA, MIT Press.

Yates, A. J.; Barbaree, H. E. y Marshall, W. L. (1984): «Anger and deviant sexual arousal», *Behavior Therapy*, 15, pp. 287-294.

Zilboorg, G. (1938): «Loneliness», *Atlantic Monthly*, pp. 14-19.

CAPÍTULO 3

LOS DELINCUENTES SEXUALES EN LA ACTUALIDAD

por W. L. MARSHALL y Y. M. FERNÁNDEZ*

* Yolanda Fernández es licenciada en Psicología por la Queen's University, donde actualmente se encuentra en el cuarto curso de Doctorado. Además, es terapeuta del Programa para Agresores Sexuales de la Institución Penitenciaria de Bath y cuenta con 20 publicaciones.

1. Bases biológicas

Casi todas las personas muestran especial interés por el sexo en determinados momentos de su desarrollo. Este impulso sexual tiene una clara base genética, y es obvio que sin él nuestra especie no habría sobrevivido. En los delincuentes sexuales, sin embargo, el problema está en la dirección en que se manifiesta este interés. Es importante señalar al respecto que la adquisición de impulsos sexuales desviados no conlleva que una persona sólo sea capaz de este tipo de actos.

La intensidad del impulso sexual varía de unas personas a otras. En el caso de los agresores sexuales esta intensidad puede ser muy elevada, lo que podría explicar su tendencia a la promiscuidad (incluso con niños), que sean incapaces de vincularse a una pareja, o que lleguen a la agresión física para satisfacer sus deseos sexuales. El excesivo impulso sexual puede ser resultado de los procesos de aprendizaje comentados en el capítulo anterior, o puede deberse a una variabilidad natural. En este último caso, su conducta (o por lo menos la de alguno de ellos) está ocasionada por un nivel elevado de esteroides relacionados con el comportamiento sexual.

La testosterona es la hormona sexual más importante y mejor investigada en los varones. Las primeras teorías biológicas hablaban ya de elevados niveles de testosterona en los delincuentes sexuales del sexo masculino (Berlin y Meinecke, 1981; Meyer-Bahlburg, Nat,

Boon, Sharma y Edwards, 1974). Más recientemente, algunos investigadores señalan que el sadismo sexual es una «enfermedad cerebral» mediatizada por un anormal funcionamiento hormonal (Money, 1995). Y, sin embargo, pocos estudios han encontrado una relación significativa entre una hormona sexual específica y la delincuencia sexual (Grubin y Mason, 1997; Hucker y Bain, 1990). Las investigaciones que sí han encontrado esta relación, lo han hecho en tan sólo un 5-15% de los hombres con una conducta sexual desviada (Lang, Flor-Henry y Frenzel, 1990). De hecho, parece que sólo se dan niveles anómalos de esteroides en algunos delincuentes sexuales diagnosticados como sádicos, quienes, como hemos comentado anteriormente, constituyen un grupo reducido (Langevin y otros, 1984; Rada, Laws y Kellner, 1976). Además, algunas agresiones sexuales son llevadas a cabo por hombres con niveles de testosterona muy bajos (Harrison, Strangeway, McCann y Catalan, 1989) e incluso castrados (Raboch, Herna y Zemek, 1987). Es más, cuando los hombres son adultos, la relación entre los niveles hormonales y el impulso sexual carece de importancia (Hucker y Bain, 1990). En esta etapa de la vida parece que la frecuencia y la intensidad del impulso sexual tienen que ver tanto con los hábitos establecidos por la experiencia como con los niveles de esteroides (Ford y Beech, 1951; Prentky, 1985).

Algunas investigaciones han apuntado la posibilidad de que una anomalía cerebral esté a la base de la delincuencia sexual (Langevin, 1990). Al respecto, cabe destacar que un estudio en el que se realizaba un examen neurológico a delincuentes sexuales con un posible trastorno mental, arrojó como resultados que el 55% de los violadores y el 36% de los agresores sexuales de niños cumplían los criterios para la disfunción cerebral (Scott, Cole, McKay, Golden y Liggett, 1984). Cabe la posibilidad de que esta elevada incidencia se deba al proceso de selección que los llevó a ser evaluados, en cuyo caso los hallazgos no podrían aplicarse a los delincuentes sexuales en general. Sin embargo, los resultados de la investigación de Scott y otros, sí muestran que algunos delincuentes sexuales tienen un funcionamiento cerebral anómalo que puede influir en sus tendencias criminales. De acuerdo con esta idea, Flor-Henry, Lang, Koles y Frenzel (1991) constataron que los electroencefalogramas de algunos agresores sexuales de niños son diferentes de los registrados en hombres normales. Estos investigadores, a la luz de estos descubrimientos, acabaron concluyendo que existe una «inestabilidad neuropsicológica del hemisferio dominante» que puede influir en el comportamiento desviado de estos hombres al producir en ellos ideas anormales. Sin embargo, las pruebas que sustentan esta teoría parecen, en general, débiles (Grubin y Mason, 1997), ya que, según ha demostrado Delgado (1969), no se puede separar la influencia de los procesos orgánicos del aprendizaje social, ni siquiera entre los primates inferiores.

En los últimos años se ha dicho que la propensión a la agresión sexual puede ser una característica determinada por la evolución (Ellis, 1991; Quinsey y Lalumiere, 1995; Thornhill y Thornhill, 1992). Según Quinsey y Lalumiere (1995), el éxito reproductivo ha marcado el comportamiento sexual de los hombres. Este argumento indica que la evolución ha modelado a los hombres para que deseen tener muchas parejas y experiencias que permitan aumentar la presencia de sus genes ancestrales en su entorno actual y futuro. De acuerdo con esta teoría, los únicos límites al éxito reproductivo de un hombre son la accesibilidad y la disponibilidad de mujeres. En consecuencia, los hombres se muestran más interesados que las mujeres en tener más parejas; menos en las relaciones estables y están más dispuestos a mantener relaciones sexuales impersonales. Según esta hipótesis evolutiva, los hombres que tienen pocas posibilidades de acceso a mujeres tienen más probabilidad de recurrir a la coacción para maximizar su éxito reproductivo.

Sin embargo, contrariamente a lo esperado, Lalumiere, Chalmers, Quinsey y Seto (1996) descubrieron que los hombres que tenían relaciones sexuales forzadas decían tener muchas más experiencias sexuales y más éxito en este terreno que los hombres no coactivos. Asimismo, los hombres coactivos manifestaban una marcada preferencia por la variedad de parejas y por el sexo superficial. Kanin (1983) también constató que los violadores no identificados aspiraban a tener un mayor número de contactos sexuales. Los autores concluyeron que estos hallazgos coincidían con lo que ya sabemos sobre las estrategias reproductivas de los hombres en general y que, por tanto, éste no es un rasgo que distinga a los delincuentes sexuales del resto.

El interés sexual por víctimas prepúberes se ha intentado explicar desde otro ángulo evolutivo diferente al de la violación. Obviamente, una preferencia sexual por los niños no es una estrategia reproductiva adaptativa en modo alguno. En consecuencia, los teóricos evolutivos han sugerido que la causa puede estar en la forma en que se organiza el sistema de preferencias masculino. Quinsey y Lalumiere (1995) señalan que los seres humanos poseen módulos diseñados para detectar y apreciar el género y la juventud y, en concreto, afirman que los hombres heterosexuales prefieren a las mujeres de peso medio que tengan una proporción cintura-cadera prototípica y que, si estos detectores de la forma corporal (en concreto, la proporción cintura-cadera) no funcionan correctamente, puede aparecer la pedofilia. El defecto radicaría en que los detectores de la juventud (programados para detectar aspectos como la suavidad de la piel) actúan sin restricciones y, en consecuencia, el niño prepúber se convierte en el objetivo sexual más atractivo. Los recientes indicios (Blanchard y Bogaert, 1998) de que los hombres homosexuales tienen más hermanos mayores llevan a Quinsey y Lalumiere a pensar que el sistema inmunológico de una madre que ya ha dado a luz a varios varones se vuelve tan competente a la hora de producir anticuerpos a los andrógenos de los fetos que impide la masculinización del cerebro. Este mismo proceso también podría producir la pedofilia. Sin embargo, estos investigadores no aclaran por qué la mayoría de los pedófilos abusan de niñas cuando sus tendencias nacen bajo los mismos procesos que dan lugar a la homosexualidad.

Para terminar, en cuanto al incesto, Quinsey y Lalumiere (1995) señalan que las actividades sexuales entre parientes cercanos se caracterizan por el efecto perjudicial sobre la capacidad reproductiva de la prole. Sugieren, además, que los seres humanos han "desarrollado" una aversión por las relaciones sexuales con personas de las que han cuidado intensamente durante su infancia. De su teoría se desprende que los padres que han tenido poco contacto con sus hijas probablemente no han adquirido esta aversión. Y apoyan esta hipótesis señalando que los padrastros tienen mayor riesgo de abusar sexualmente de los niños que están bajo su cuidado que los padres biológicos, y que los padres incestuosos suelen haber participado menos en los primeros cuidados, la crianza y la socialización de sus hijas que los padres no incestuosos.

El sexo y la agresión parecen, efectivamente, compartir sustratos biológicos notablemente similares (por ejemplo, están localizados prácticamente en las mismas zonas del cerebro y mediados por los mismos neurotransmisores y hormonas) y pueden existir influencias evolutivas (debidas a daños cerebrales o por motivos hormonales) que predispongan a una persona al abuso sexual. Sin embargo, es más que obvio que el aprendizaje social pone frenos a la agresión sexual en la mayor parte de los hombres. Así, cuando el ser humano nace, se mueve esencialmente por el propio interés, pero con el tiempo aprende a controlarse y a no expresar libremente este interés y, en particular, aprende a no forzar el consentimiento de los demás y a no aprovecharse de los más débiles. Afortunadamente, la mayoría de las personas parecen adquirir este control, aunque algunos, obviamente, no lo hacen nunca. Además, es fácil que se aprenda a agredir sexualmente en una sociedad que distorsiona la sexualidad, admira la agresión y muestra, a través del cine y la televisión, una visión heroica y estereotipada de la masculinidad. La experiencia parece explicar tanto la presencia como la ausencia de predisposición hacia la agresión sexual. Pero, por muy verosímiles que sean las teorías, evolutivas o experimentales, hasta que no haya pruebas que las sustenten, seguirán siendo sólo eso, teorías verosímiles. En nuestra opinión, hay muchas más pruebas a favor del aprendizaje como factor determinante en la agresión sexual de las que hay a favor de cualquier explicación biológica.

2. Factores sexuales

Los primeros tratamientos conductuales de la delincuencia sexual estaban basados, principalmente, en la modificación de las preferencias desviadas porque se creía que eran resultado de la asociación fortuita entre la excitación sexual y los estímulos desviados (McGuire, Carlisle y Young, 1965). Asimismo, se pensaba que si se utilizaban fantasías desviadas durante la masturbación se podía generar en el individuo una predisposición a este tipo de actos, mediante un proceso de condicionamiento. De ahí que se pensara que los delitos sexuales eran producto de un tipo determinado de motivación sexual. Hoy en día, la mayoría de los teóricos consideran que el interés por el sexo desviado no es más que otro aspecto de los factores generadores de la delincuencia sexual (Finkelhor, 1984; Marshall y Barbaree, 1990) y los clínicos suelen tomar en consideración otros muchos motivos y circunstancias en el tratamiento de este tipo de delincuentes (Marshall, Fernández, Hudson y Ward, 1998).

A pesar de que las preferencias sexuales del individuo se siguen considerando un factor relevante, la mayoría de los investigadores no esperan que los tests falométricos revelen preferencias desviadas en todos los delincuentes sexuales (Freund, 1991). De los muchos estudios realizados, no se siguen pruebas concluyentes que demuestren que la tendencia a prácticas sexuales desviadas es lo que impulsa a los violadores y los agresores de niños (Marshall y Fernández, en prensa). Es verdad, sin embargo, que las primeras investigaciones, realizadas con pequeñas muestras de violadores, descubrieron una gran excitación ante las escenas de violación (Abel, Barlow, Blanchard y Guild, 1977; Barbaree, Marshall y Lanthier, 1979; Quinsey, Chaplin y Varney, 1981). Los estudios con muestras de mayor tamaño, sin embargo, han indicado que los violadores, como grupo, tienen respuestas esencialmente normales (Baxter, Barbaree y Marshall, 1986; Hall, 1989; Langevin, Paitich y Russon, 1985; Murphy, Krisak, Stalgaitis y Anderson, 1984; Wormith, Bradford, Pawlak, Borzecki y Zohar, 1988). Algunas investigaciones (Frenzel y Lang, 1989; Freund, Watson y Dickey, 1991; Marshall, Barbaree y Christophe, 1986; Quinsey, Chaplin y Carrigan, 1979) han demostrado que los delincuentes sexuales incestuosos responden a las imágenes visuales de niños de la misma manera que los hombres normales, aunque los no incestuosos muestran una excitación bastante mayor que el resto. Por su parte, quienes han tenido múltiples víctimas sí muestran desviación en las pruebas, mientras que los que han abusado de una sola víctima no (Freund y Watson, 1991).

Contrariamente a la creencia de que la motivación de estos delincuentes es principalmente sexual, en sus historiales se han constatado más comportamientos adecuados que actos desviados (Marshall y Marshall, 2000). De hecho, cuando estos individuos están bajo estrés, es más fácil que busquen una pareja sexual consentida o que fantaseen sobre actos prosociales que lo hagan con comportamientos desviados (Cortoni y Marshall, 2000). Groth (1979), uno de los primeros y más prestigiosos investigadores sobre estos temas, indicó que la violación es un acto de naturaleza seudosexual a través del cual se expresa ira hacia las mujeres y constituye una oportunidad para ejercer el poder y el control (Groth, 1979; Groth y Burgess, 1977). De acuerdo con esto, Pithers, Beal, Armstrong y Petty (1989) descubrieron que el 77% de los violadores con los que trabajaron tenían sentimientos de ira hacia las mujeres. Por su parte, Yates, Barbaree y Marshall (1984) mostraron que un grupo de hombres normales se excitaban mucho más ante una escena de violación cuando estaban enfadados. El 60% de los violadores en el estudio de Marshall y Drake (1982) dijo que su objetivo principal era humillar y degradar a la víctima. Finalmente, tanto Amir (1971) como Groth y Burgess (1977) aportaron pruebas clínicas de que los violadores raramente se excitan antes de tener a la víctima bajo control, incluso cuando la agresión es premeditada.

Parece que los delincuentes sexuales tienden a utilizar el sexo como forma de afrontar toda clase de dificultades con mayor frecuencia que otros hombres (Cortoni y Marshall, 2000) y, según Marshall y Marshall (1998), dicen tener más relaciones sexuales que los demás. Además, Proulx y sus colegas (McKibben,

Proulx y Lusignan, 1994; Proulx, McKibben y Lusignan, 1996) descubrieron que cuando tienen sentimientos negativos recurren a menudo a fantasías desviadas para intentar aliviarlos. Estos datos (Cortoni y Marshall, y Proulx) ponen de manifiesto que los delincuentes sexuales piensan mucho en el sexo. Según el estudio de Cortoni y Marshall (2000), en el que examinamos distintas estrategias de afrontamiento entre delincuentes sexuales y no sexuales, los primeros utilizan más el sexo como método para hacer frente a sus problemas. Así, nuestra investigación descubrió que, en condiciones de estrés, la respuesta habitual de los delincuentes sexuales es buscar un contacto sexual, ya sea adecuado o desviado. Nuestro estudio también indica que estos delincuentes piensan más en el sexo que los demás hombres, aunque, de nuevo, no necesariamente piensan en el sexo desviado (Marshall y Marshall, 2000). De esta manera, es posible que las agresiones sexuales sean tan sólo una respuesta al estrés, respuesta que posteriormente se lleva a la práctica, no porque satisfaga impulsos desviados, sino porque reduce temporalmente su malestar. Los factores sexuales son, por tanto, muy importantes a la hora de someterlos a tratamiento, pero los indicios apuntan a que estos factores quizá no se limiten a una preferencia por, o incluso una obsesión con, el sexo desviado.

Otro dato relevante es que un elevado número de delincuentes sexuales parece haber sido víctima de abusos en su juventud (Hanson y Slater, 1988). La incidencia real, sin embargo, quizá sea algo confusa por el hecho de que los distintos estudios han manejado diferentes definiciones (y, normalmente, bastante amplias). La respuesta a la pregunta de si se ha sufrido abuso sexual en la infancia varía en las personas, dependiendo de cómo definan el abuso sexual. Para algunos, por ejemplo, sólo hace referencia a la penetración a la fuerza. Quienes sintieron algún tipo de placer a través del contacto sexual con un adulto pueden, por ello, no considerarlo un abuso; mientras que si fueron agredidos por una mujer adulta es posible que lo vean más como una suerte que como una agresión. Pero el hecho es que, cuando utilizamos (Dhawan y Marshall, 1996) descripciones detalladas de determinados comportamientos sexuales, encontramos una incidencia elevada de abuso sexual en la infancia, tanto entre los violadores como entre los agresores sexuales de niños, sin que insinuemos en ningún momento que estamos hablando de abuso, y comparamos las respuestas de los tests con aquellas que se exponen en el transcurso de las entrevistas en profundidad. Además, aunque hasta un 22% de estos hombres sufrieron abuso sexual por parte de una mujer adulta cuando eran niños, ninguno lo consideró como tal. Es posible, por tanto, que estas experiencias jueguen un papel en el desarrollo de la conducta problemática de los delincuentes sexuales, y que tengan tal influencia sobre ellos que acaben buscando cualquier oportunidad para practicar el sexo. Abel, Becker, Cunningham-Rathner, Mittelman y Rouleau (1988) encontraron pruebas que apoyan esta idea cuando demostraron que el delincuente sexual típico practica el sexo de diversas maneras desviadas e inusuales, además del delito por el que fue condenado. Sin embargo, un estudio similar de Marshall, Barbaree y Eccles (1991) halló muchas menos respuestas sexuales desviadas entre un grupo de pacientes externos.

El papel de la motivación sexual en estas agresiones, por tanto, sigue siendo algo oscuro. Hay claros indicios de que el interés hacia actos desviados es más elevado entre los que maltratan a niños que no pertenecen a su propia familia, pero tiene muy poca base la teoría de que los violadores actúan así porque encuentran placer en el sexo a la fuerza y no consentido. De hecho, en la actualidad no está suficientemente claro cuántos delincuentes sexuales fantasean con escenas de sexo desviado y en qué medida lo hacen. Y, sin embargo, sea cual sea la conclusión a la que se llegue en el futuro, está claro que hay un componente sexual en sus agresiones.

3. Factores sociales

La autoestima parece ser un factor fundamental en los problemas sociales de los delincuentes sexuales. Algunos teóricos han sugerido que existe una clara relación entre la baja autoestima y la agresión sexual (Finkelhor, 1984; Groth, 1979). En el estudio de Tanay (1969), realizado con una muestra de asesinos, la mayoría mostraba actitudes de autorrechazo. También se ha observado que los hombres que maltratan a sus parejas suelen tener una autoestima baja (Russell y Hulson, 1992). En nuestra investigación (Marshall, Anderson y Champagne, 1996) señalamos que una deficiente autoestima puede incidir en el desarrollo y mantenimiento de la conducta sexual desviada. Baumeister, Smart y Boden (1996), por su parte, indicaron que quizá la autoestima influya en la violencia sexual al llevar a estos hombres a encauzar sus tendencias violentas hacia objetivos que perciben como débiles e indefensos (por ejemplo, las mujeres y los niños).

Además, se ha demostrado que la baja autoestima es importante en otros procesos relacionados con la conducta sexual agresiva. En poblaciones normales, por ejemplo, está relacionada con toda clase de deficiencias, incluyendo la falta de empatía (Hutton, 1991; Kalliopuska, 1987), problemas en las relaciones de pareja (Baumeister, 1993) y una tendencia a las distorsiones cognitivas que dan lugar a una interpretación egoísta de lo que ocurre en su entorno (Baumeister, Tice y Hutton, 1989). Marshall, Champagne, Brown y

Miller (1995) estudiaron a agresores sexuales de niños y descubrieron que tenían, no sólo una baja autoestima, sino también problemas relacionados con la falta de empatía, la soledad y las carencias en las relaciones íntimas. La baja autoestima de los delincuentes sexuales también está relacionada con las preferencias sexuales desviadas. Resulta interesante comprobar que, cuando reciben un tratamiento que incrementa su autoestima, se producen cambios en sus preferencias desviadas, aunque ello no fuera un objetivo directo del tratamiento (Marshall, 1997).

Además de la falta de confianza en sí mismos, los delincuentes sexuales carecen de empatía (Marshall, Hudson, Jones y Fernández, 1995) y este déficit les podría permitir abusar repetidamente de los demás, porque carecen de los mismos inhibidores que las personas normales. No obstante, una evaluación minuciosa reveló que estos delincuentes carecen de empatía sólo con sus víctimas y no en general (Fernández y Marshall, 2000; Fernández, Marshall, Lightbody y O'Sullivan, 1999). Este hecho no es el resultado de una deficiencia real sino de una percepción distorsionada. Es decir, no reconocen el daño que han causado, y un primer paso imprescindible para que se dé la empatía es el reconocimiento de la angustia emocional que generan en otras personas (Marshall, Hudson y otros, 1995). Si la interpretación de Fernández es correcta, entonces, esta falta de empatía con las víctimas estaría muy relacionada con las distorsiones cognitivas, cosa que hemos podido confirmar recientemente (Marshall, Hamilton y Fernández, 2000).

Quizás el aspecto más importante de la incompetencia social de los delincuentes sexuales sea sus escasas habilidades. Todo ser humano busca entablar relaciones interpersonales (Hinde y Stevenson-Hinde, 1990) y, si no lo logra durante un periodo de tiempo prolongado, sufre de soledad emocional y ésta parece fomentar la agresión (Check, Perlman y Malmuth, 1985). Al respecto, se han encontrado diversos problemas sociales que padecen los delincuentes sexuales (Marshall, Barbaree y Fernández, 1995; Stermac, Segal y Gillis, 1990): experimentan más soledad y tienen menos relaciones que otros delincuentes violentos y que los hombres normales (Seidman, Marshall, Hudson y Robertson, 1994). Marshall (1989) intentó integrar las investigaciones y las observaciones clínicas relacionadas con los problemas de relación de los delincuentes sexuales. Hasta el momento se había hecho poco por desarrollar un contexto teórico en el que se pudiera estudiar la influencia de estos problemas sobre su comportamiento. Marshall (1989) propuso que la falta de relaciones íntimas puede llevar a los delincuentes sexuales a buscar esta intimidad a través del sexo. Dado que carecen de confianza en sí mismos y de habilidades necesarias para poder establecer relaciones íntimas consentidas con personas adultas, obligan a mujeres o a niños a mantener relaciones sexuales con ellos para cubrir esta necesidad. Desgraciadamente, es difícil que a través de estas prácticas lo consigan, por lo que pueden repetir o aumentar su conducta delictiva en otros intentos inútiles tendentes a satisfacer tanto sus impulsos sexuales como su necesidad de relacionarse. Todo esto nos hace pensar que los delincuentes sexuales debieron tener unas débiles relaciones de apego con sus padres, una falta de relaciones íntimas con los demás, pocas habilidades interpersonales y un profundo sentimiento de soledad. Las investigaciones de Ward, McCormack y Hudson (1997) indican que estos hombres tienen muchas carencias, tales como una reticencia a expresar el afecto abiertamente, así como pocas habilidades para resolver conflictos. Estas dificultades suelen acabar causándoles problemas en sus relaciones sentimentales.

En efecto, se ha constatado que los delincuentes sexuales han tenido malas relaciones con sus padres (Marshall y Mazzucco, 1995; Marshall, Serran y Cortoni, 2000). Desde la publicación del artículo de Marshall (1989), varios investigadores han informado de que los delincuentes sexuales están faltos de relaciones interpersonales y sienten una marcada soledad (Bumby y Hansen, 1997; Garlick, Marshall y Thornton, 1996; Marshall y Hambley, 1996; Seidman y otros, 1994). Bumby y Hansen (1997) también constataron que temen establecer relaciones íntimas, principalmente por miedo al rechazo. Además, un estudio sobre violadores llevado a cabo por Marshall y Hambley (1996) descubrió la relación existente entre la falta de relaciones interpersonales y las actitudes negativas hacia las mujeres. Asimismo, se demostró que estos problemas de relación y la soledad tienen que ver con la falta de empatía y la baja autoestima de los agresores sexuales de niños (Marshall, Champagne, Brown y Miller, 1997).

Este marco teórico fue ampliado por Marshall (1993) y por Ward, Hudson, Marshall y Siegert (1995), quienes lo integraron en los conocimientos actuales sobre las técnicas de apego de los adultos con sus parejas sentimentales. Los citados investigadores perfilaron un modelo teórico que vinculaba los estilos de apego anómalos con los patrones comportamentales específicos de la agresión sexual. Posteriormente, Ward, Hudson y McCormack (1997) argumentaron que estos estilos son más idóneos para clasificar a los delincuentes sexuales que el tipo de delito que cometen (por ejemplo, violadores y agresores sexuales de niños).

Ward y otros (1995) propusieron la siguiente clasificación: el estilo preocupado caracteriza a aquellos delincuentes sexuales que pretenden establecer una relación no intimidatoria e íntima con niños; los delincuentes sexuales con un estilo temeroso son aquellos que tienen contactos sexuales impersonales con sus víctimas (sean mujeres o niños), a las que frecuentemente agreden una sola vez; finalmente, el delincuente sexual con un estilo despreciativo es el que agrede físicamente de forma violenta. Aunque Marshall, Anderson y Fernández (1999) señalan varias limitaciones de esta teoría, también aportan datos que apoyan la tesis general de que los estilos de apego inseguros están relacionados con la agresión sexual. Diversos estudios realizados en Canadá (Cortoni y Marshall, 1998; Jamieson y Marshall, 1998; Mulloy y Marshall, 1998), Estados Unidos (Bumby y Hansen, 1997), Australia (Smallbone y Dadds) y Nueva Zelanda (Ward, Hudson y McCormack, 1997) apoyan la idea de que los delincuentes sexuales tienen problemas para establecer relaciones de apego con adultos. Está claro, por tanto, que estos problemas impiden que satisfagan sus necesidades en el contexto de las relaciones sentimentales normales, y se ha sugerido (Marshall, 1989, 1993) que esto les anima a intentar satisfacerlas mediante la agresión sexual.

4. Distorsiones cognitivas

Las distorsiones cognitivas implican el uso de "sesgos egoístas" que, aunque habituales en los procesos cognitivos de todos los individuos (Bradley, 1978; Miller y Ross, 1975; Zuckerman, 1979), están muy extendidas entre personas con baja autoestima (Blaine y Crocker, 1993; Tennen y Herzberger, 1987). Estos procesos cognitivos distorsionados permiten la autointerpretación de las propias acciones, las de los demás, y las del mundo que les rodea, para mantener su concepto sobre las cosas. A principios de los años 80 saltó a la luz la idea de que los delincuentes sexuales distorsionan la información y esto fomenta la aparición de su conducta criminal. Cuando Abel, Becker y Cunningham-Rathner (1984) publicaron sus opiniones sobre las distorsiones cognitivas, los terapeutas e investigadores del campo de la delincuencia sexual empezaron a tratar estas cuestiones sistemáticamente (Marshall, Anderson y Fernández, 1999).

Los delincuentes sexuales suelen interpretar erróneamente el comportamiento de sus víctimas reales o potenciales. Por ejemplo, los agresores sexuales de niños ven en ellos seres deseosos de mantener relaciones sexuales con adultos y creen que su actitud es provocativa (Abel y otros, 1989). También los pueden ver en actitud sumisa y no amenazadores (Howells, 1979) y creer que el contacto sexual con un adulto no va a ocasionarles ningún daño (Bumby, 1996). Finkelhor (1984) dijo que estos agresores sienten una congruencia emocional con los niños y, de acuerdo con esta idea, Wilson y Langevin (1998) constataron que los hombres que abusaban de niños preferían ponerse al nivel de los chicos para relacionarse con ellos. Los maltratadores de niños también se sienten autorizados a abusar sexualmente de ellos (Hanson, Gizzarelli y Scott, 1994). Aunque ésta es una percepción de las cosas que les interesa, la mayoría de ellos parecen delinquir sin interpretar, al menos conscientemente, las acciones de sus víctimas.

Por su parte, los violadores también interpretan erróneamente las reacciones de las mujeres. Ven en su actitud provocación, pero no se equivocan, en cambio, cuando evalúan las señales emitidas por otros hombres en situaciones similares (Lipton, McDonel y McFall, 1987). Al respecto, se han identificado muchas ideas distorsionadas sobre las mujeres y su sexualidad entre los violadores. Ideas tales como que las mujeres tienen el secreto deseo de ser dominadas y violadas (Koss, Leonard, Beezley y Oros, 1985; Scott y "Tetreault",

1987). Es interesante que Hudson y otros (1993) descubrieran que los violadores y agresores sexuales de niños tienen problemas para identificar las emociones de los demás. En su investigación, estas dificultades quedaron todavía más patentes cuando se trataba de interpretar el enfado y el miedo, emociones que todos tendían a ver de una forma más positiva de lo normal. No se nos escapa que éstas, precisamente, son las emociones que muestran las víctimas durante la agresión. Esta errónea interpretación les permite seguir abusando sexualmente de las mujeres y de los niños, ya que son incapaces de ver el daño que les están causando.

Los investigadores y terapeutas están de acuerdo en que las distorsiones cognitivas observadas en los delincuentes sexuales están motivadas por el propio interés (Murphy, 1990; Segal y Stermac, 1990). Según Barbaree (1991), muchos de ellos, una vez identificados, niegan haber cometido el crimen o le quitan importancia, así como los efectos sobre la víctima. Diferentes investigaciones así lo confirman. Por ejemplo, Maletzky (1991) encontró que el 87% negaba completa o parcialmente sus crímenes, y Sefarbi (1990) constató que el 50% de los delincuentes estudiados negaba haber cometido un crimen y recibía apoyo de su familia. Barbaree (1991), por su parte, observó que el 54% de los violadores y el 66% de los agresores sexuales de niños negaban rotundamente sus crímenes o los minimizaban. Además, los delincuentes sexuales no suelen responsabilizarse de sus actos (y dicen, por ejemplo, «estaba borracho», «abusaron de mí cuando era niño», «mi mujer no me satisfacía sexualmente»). Afortunadamente, los tratamientos que cuestionan estos argumentos o abordan el problema pueden conseguir que algunos admitan aspectos de sus crímenes que antes negaban o minimizaban (Barbaree, 1991; Marshall, 1994). Mientras que la negación es una mentira intencionada (al igual que algunos aspectos de la minimización), la minimización refleja una manera distorsionada de percibir a las víctimas y a los demás. Como hemos apuntado anteriormente, algunos delincuentes sexuales creen ver en sus víctimas el deseo de ser agredidas sexualmente y también consideran justificado su comportamiento. Así, por ejemplo, muchos agresores sexuales de niños dicen que los padres de sus víctimas eran negligentes y que ellos, al entablar relaciones sexuales con los niños, les estaban dando amor. Esto, por supuesto, no solamente refleja distorsiones egoístas acerca de los padres, sino también ideas erróneas sobre lo que es el amor. Asimismo, cuando un violador ataca a una mujer que va sola o que está haciendo autostop, lo más probable es que la culpe por no protegerse adecuadamente para, así, sentirse menos culpable.

La inmensa mayoría de los delincuentes sexuales saben que sus acciones no son correctas. Si no fuera así contarían sus delitos abiertamente. Ahora bien, para hacer compatible su comportamiento delictivo con su autoestima deben distorsionar su interpretación de los crímenes, de las víctimas y de su propio sentido de la responsabilidad. Algunas de nuestras investigaciones preliminares apoyan esta tesis. Así, en un estudio realizado con una muestra de agresores sexuales de niños (Anderson, Fernández y Marshall, 1997) encontramos diferencias entre las relaciones que se dan entre la empatía, las distorsiones cognitivas y la autoestima en estos sujetos. Los delincuentes con alta autoestima no necesitaban recurrir a distorsiones cognitivas para justificar sus delitos y mantener su autoestima intacta; contrarrestaban el posible efecto negativo de sus crímenes sobre su autoestima recurriendo a otras características personales positivas. Este tipo de delincuentes, por tanto, están mejor preparados para enfrentarse a esta amenaza sin utilizar las distorsiones cognitivas y deberían, por consiguiente, sentir más empatía hacia sus víctimas. Y esto es, precisamente, lo que descubrimos en nuestras investigaciones (Anderson y otros, 1997). Por el contrario, aquellos delincuentes con una baja autoestima necesitan distorsionar la información para proteger la frágil imagen que tienen de sí mismos. Y en consecuencia, deben hacer uso de numerosas distorsiones cognitivas y sentir poca empatía hacia sus víctimas. De nuevo, esto es exactamente lo que descubrimos.

5. Personalidad

Un aspecto de la personalidad que podemos descartar es la posibilidad de que los delincuentes sexuales se caractericen por trastornos psiquiátricos que les impidan controlar su comportamiento sexual. En este sentido, sabemos que muy pocos cumplen los criterios diagnósticos de algún trastorno psiquiátrico (por ejemplo, la psicosis) que interfiera hasta tal punto en su funcionamiento como para perder el control sobre sí mismos (Seghorn, Prentky y Boucher, 1987). No obstante, algunos pueden cumplir los criterios de algún trastorno de la personalidad (Berner, Berger Gutierez, Jordan y Berget, 1992). En este sentido, se ha demostrado que la intensidad con que ejercen la violencia en las agresiones sexuales está relacionada con la presencia de rasgos maladaptativos de la personalidad (Proulx, Aubut, McKibben y Cote, 1994). Sin embargo, la presencien de un trastorno de la personalidad no incapacita a nadie para controlar su comportamiento, sino que provoca que esta persona realice malas elecciones.

En lo que se refiere a los trastornos parafílicos, hasta el 50% de los agresores sexuales de niños cuyas víctimas no pertenecen a su propia familia pueden cum-

plir los criterios de la pedofilia (Freund y Blanchard,
1989). Dado que no existe ningún diagnóstico específico que sea relevante para los violadores, muy pocos
cumplen los criterios de una parafilia, con la excepción
de los sádicos. No obstante, considerando que se ha
aplicado bastante a la ligera el diagnóstico de sadismo
en los casos de delincuencia sexual (Marshall y Kennedy, 2000), es difícil calcular exactamente cuántos
violadores son también sádicos, aunque está claro que
sólo son unos pocos (Hucker, 1997). Resulta interesante comprobar que, mientras Abel y sus colegas (Abel,
Becker, Cunningham-Rathner, Mittleman y Rouleau,
1988), afirman haber constatado múltiples parafilias en
los delincuentes sexuales que han estudiado, Marshall,
Barbaree y Eccles (1991) sólo encontraron más de una
parafilia en un 12% de ellos. Estas discrepancias posiblemente sean sólo el resultado de haber utilizado
muestras muy distintas o criterios divergentes para detectar parafilias. Así, por ejemplo, Abel considera la
violación una parafilia, mientras que ésta no aparece
en absoluto en el manual diagnóstico de trastornos
mentales. Además, realizar un acto desviado una sola
vez (por ejemplo, masturbarse mientras uno mira una
imagen de un niño) no constituye una parafilia. Como
la identificación de una disposición parafílica depende
de la buena voluntad del paciente para hablar de sus
pensamientos y actos desviados, es poco probable que
nos podamos formar una idea clara de la naturaleza
parafílica de los delincuentes sexuales en el futuro.

Dejando aparte los trastornos de la personalidad
como tales, algunos teóricos afirman que los delincuentes sexuales tienen personalidades problemáticas
(Kalichman, 1991). Una revisión detenida de las pruebas, sin embargo, parece indicar que pocos delincuentes sexuales tienen una personalidad inusual (Marshall
y Hall, 1995). Y, pese a todo, hay un rasgo de la personalidad que aparece con cierta frecuencia entre los

delincuentes sexuales: la psicopatía. Un psícopata es una persona (normalmente un hombre) que, entre otras cosas, desprecia los derechos de los demás, es egoísta, impulsivo, manipulador y carente de empatía. Según Quinsey y sus colegas (Quinsey, Harris y Rice, 1995; Quinsey, Lalumiere, Rice y Harris, 1995) y Prentky y Knight (1986), más del 30% de los que componían sus muestras cumplían los criterios para la psicopatía según la escala Hare (1991) *(Psychopathy Checklist-Revised)*. Cabe destacar, sin embargo, que en ambos casos los sujetos provenían de instituciones donde solamente estaban recluidos los agresores sexuales más desequilibrados y peligrosos. Entre los delincuentes sexuales encarcelados, en general, parece haber muchos menos psícopatas. Serin, Malcolm, Khanna y Barbaree (1994), por ejemplo, sólo encontraron un 7'5% de psícopatas entre los delincuentes sexuales presos. De hecho, la mayoría de los agresores sexuales parecen tener una personalidad sorprendentemente similar a la de los demás.

6. Conclusiones

Parece que las alteraciones biológicas y los trastornos de la personalidad no son factores que impulsan a los delincuentes sexuales a llevar a cabo sus prácticas delictivas. Su comportamiento sexual está trastornado en el sentido en que parecen estar obsesionados con el sexo y afrontan los altibajos de la vida con comportamientos sexuales tanto normales como anormales. Muchos de estos delincuentes fueron víctimas de abusos en la infancia y algunos muestran toda una serie de conductas sexuales desviadas. Su comportamiento social es anómalo y tienen percepciones y actitudes distorsionadas que les impiden entablar relaciones satisfactorias. Estas percepciones y actitudes distorsionadas, a su vez, justifican sus prácticas desviadas. Obviamente, todos los rasgos identificados en este capítulo deben ser tratados. El siguiente capítulo se centrará en este tema, describiendo las intervenciones que intentan rehabilitar a los delincuentes sexuales.

Referencias bibliográficas

Abel, G. C.; Barlow, D. H.; Blanchard, E. B. y Guild, D. (1977): «The components of rapists' sexual arousal», *Archives of General Psychiatry*, 34, pp. 895-903.

Abel, G. G.; Becker, J. V. y Cunningham-Rathner, J. (1984): «Complications, consent and cognitions in sex between children and adults», *International Journal of Law and Psychiatry*, 7, pp. 89-103.

Abel, G. C.; Becker, J. V.; Cunningham-Rathner, J.; Mittelman, M. S. y Rouleau, J. L. (1988): «Multiple paraphilic diagnoses among sex offenders», *Bulletin of the American Academy of Psychiatry and the Law*, 16, pp. 153-168.

Abel, G. C.; Gore, D. K.; Holland, C. L.; Camp, N.; Becker, J. V. y Rathner, J. (1989): «The measurement of the cognitive distortions of child molesters», *Annals of Sex Research*, 2, pp. 135-152.

Amir, M. (1971): *Patterns of forcible rape*, Chicago, University of Chicago Press.

Anderson, D.; Fernández, Y. M. y Marshall, W. L. (1997): *Integrating treatment components in sexual offender therapy: Toward a more cost-effective approach*, ponencia presentada en la 16 Annual Research and Treatment Conference of the Association for the Treatment of Sexual Abusers, Arlington VA.

Bancroft, J. (1987): «A physiological approach», en J. H. Greer y W. T. O'Donohue (eds.), *Theories of human sexuality*, New York, Plenum Press, pp. 411-421.

Barbaree, H. E. (1991): «Denial and minimization among sex offenders: Assessment and treatment outcome», *Forum on Corrections Research*, 3, pp. 30-33.

Barbaree, H. E.; Marshall, W. L. y Lanthier, R. D. (1979): «Deviant sexual arousal in rapists», *Behaviour Research and Therapy*, 8, pp. 229-239.

Baumeister, R. F. (1993): «Understanding the inner nature of low self-esteem: Uncertain, fragile, protective, and conflicted», en R. Baumeister (ed.), *Self-esteem: The puzzle of low self-regard*, New York, Plenum Press, pp. 201-218.

Baumeister, R. F.; Smart, L. y Boden, J. M. (1996): «Relation of threatened egotism to violence and aggression: The dark side of high self-esteem», *Psychological Review*, 103, pp. 5-33.

Baumeister, R. F.; Tice, D. y Hutton, D. (1989): «Self-presentational motivations and personality differences in self-esteem», *Journal of Personality*, 57, pp. 547-579.

Baxter, D. J.; Barbaree, H. E. y Marshall, W. L. (1986): «Sexual responses to consenting and forced sex in a large sample of rapists and nonrapists», *Behaviour Research and Therapy*, 24, pp. 513-520.

Berlin, F. S. y Meinecke, C. F. (1981): «Treatment of sex offenders with androgenic medication: Conceptualization, review of treatment modalities and preliminary findings», *American Journal of Psychiatry*, 138, pp. 601-607.

Berner, W.; Berger, P.; Gutierez, K.; Jordan, B. y Berger, J. (1992): «The role of personality disorder in the treatment of sexual offenders», *Journal of Offender Rehabilitation*, 18, pp. 25-37.

Blaine, B. y Crocker, J. (1993): «Self-esteem and self-serving biases in reaction to positive and negative events: An integrative review», en R. F. Baumeister (ed.), *Self-esteem: The puzzle of low self-regard*, New York, Plenum Press, pp. 55-58.

Blanchard, R. y Bogaert, A. F. (1996): «Biodemographic comparisons of homosexual men in the Kinsey interview data», *Archives of Sexual Behavior*, 25, pp. 551-579.

Bradley, G. W. (1978): «Self-serving biases in the attribution processes: A re-examination of the fact or fiction question», *Journal of Personality and Social Psychology*, 36, pp. 56-71.

Bumby, K. M. y Hansen, D. J. (1997): «Intimacy deficits, fear of intimacy, and loneliness among sex offenders», *Criminal Justice and Behavior*, 24, pp. 315-331.

Cortoni, F. A. y Marshall, W. L. (2000): *Sex as a coping strategy and its relationship to juvenile sexual history and intimacy in sexual offenders*, entregado para su publicación.

Check, J. V. P.; Perlman, D. y Malamuth, N. M. (1985): «Loneliness and aggressive behavior», *Journal of Social and Personal Relations*, 2, pp. 243-252.

Delgado, J. M. R. (1969): «Offensive-defensive behavior in free monkeys and chimpanzees induced by radio stimulation of the brain», en S. Garatini y E. G. Sigg (eds.), *Aggressive behavior: Proceedings of International Symposium on the Biology of Aggressive behavior*, Amsterdam, Exerpta Medica.

Dhawan, S. y Marshall, W. L. (1996): «Sexual abuse histories of sexual offenders», *Sexual Abuse: A Journal of Research and Treatment*, 8, pp. 7-15.

Ellis, L. (1991): «A synthesized (biosocial) theory of rape», *Journal of Consulting and Clinical Psychology*, 59, pp. 631-642.

Fernández, Y. M. y Marshall, W. L. (1998): *Violence, empathy, social self-esteem and psychopathy in rapists*, entregado para su publicación.

Fernández, Y. M.; Marshall, W. L.; Lightbody, S. y O'Sullivan, C. (1999): «The Child Molester Empathy Measure», *Sexual Abuse: A Journal of Research and Treatment*, 11, pp. 17-31.

Finklehor, D. (1984): *Child sexual abuse: New theory and research*, New York, Free Press.

Flor-Henry, P.; Lang, R. A.; Koles, Z. J. y Frenzel, R. R. (1991): «Quantitative EEG studies of pedophilia», *International Journal of Psychophysiology*, 10, pp. 252-258.

Ford, C. S. y Beach, F. A. (1951): *Patterns of Sexual Behavior*, London, Methuen.

Frenzel, R. R. y Lang, R. A. (1989): «Identifying sexual preferences in intrafamilial and extrafamilial child sexual abusers», *Annals of Sex Research*, 2, pp. 255-275.

Freund, K. (1991): «Reflections on the development of the

phallometric method of assessing sexual preferences», *Annals of Sex Research*, 4, pp. 221-228.

Freund, K. y Blanchard, R. (1986): «The concept of courtship disorder», *Journal of Sex and Marital Therapy*, 12, pp. 79-92.

— (1989): «Phallometric diagnosis of pedophilia», *Journal of Consulting and Clinical Psychology*, 57, pp. 1-6.

Freund, K. y Watson, R. J. (1991): «Assessment of the sensitivity and specificity of a phallometric test: An update of phallometric diagnosis of pedophilia», *Psychological Assessment: A Journal of Consulting and Clinical Psychology*, 3, pp. 254-260.

Freund, K.; Watson, R. J. y Dickey, R. (1991): «Sex offenses against female children perpetrated by men who are not pedophiles», *Journal of Sex Research*, 28, pp. 409-423.

Garlick, Y.; Marshall, W. L. y Thornton, D. (1996): «Intimacy deficits and attribution of blame among sexual offenders», *Legal and Criminological Psychology*, 1, pp. 251-258.

Groth, A. N. (1979): *Men who rape: The psychology of the offender*, New York, Plenum Press.

Groth, A. N. y Burgess, A. W. (1977): «Rape: A sexual deviation», *American Journal of Orthopsychiatry*, 47, pp. 400-406.

Grubin, D. y Mason, D. (1997): «Medical models of sexual deviance», en D. R. Laws y W. O'Donohue (eds.), *Sexual deviance: Theory, assessment and treatment*, New York, Guilford Press, pp. 434-448.

Hall, G. C. N. (1989): «Sexual arousal and arousability in a sexual offender population», *Journal of Abnormal Psychology*, 98, pp. 145-149.

— (1990): «Prediction of sexual aggression», *Clinical Psychology Review*, 10, pp. 229-245.

Hanson, R. K. y Slater, S. (1988): «Sexual victimization in the history of sexual abusers: A review», *Annals of Sex Research*, 1, pp. 485-499.

Hanson, R. K.; Gizzarelli, R. y Scott, H. (1994): «The attitudes of incest offenders: Sexual entitlement and acceptance of sex with children», *Criminal Justice and Behavior*, 21, pp. 187-202.

AGRESORES SEXUALES

Hare, R. D. (1991): *Manual for the Revised Psychopathy Checklist*, Toronto, Multi-Health Systems.
Hinde, R. A. y Stevenson-Hinde, J. (1990): «Attachment: Biological, cultural and individual desiderata», *Human Development*, 33, pp. 62-72.
Howells, K. (1979): «Some meanings of children for pedophiles», en M. Cook y G. Wilson (eds.), *Love and attraction: An international conference*, Oxford, Pergamon Press, pp. 519-526.
Hucker, S. J. (1997): «Sexual sadism: Psychopathology and theory», en D. R. Laws y W. O'Donohue (eds.) *Sexual deviance: Theory, assessment, and treatment*, New York, Guilford Publications, pp. 194-209.
Hucker, S. J. y Bain, J. (1990): «Androgenic hormones and sexual assault», en W. L. Marshall, D. R. Laws y H. E. Barbaree (eds.), *Handbook of sexual assault: Issues, theories, and treatment of the offender*, New York, Plenum Press, pp. 93-102.
Hudson, S. M.; Marshall, W. L.; Wales, D. S.; McDonald, E.; Bakker, L. W. y McLean, A. (1993): «Emotional recognition skills of sex offenders», *Annals of Sex Research*, 6, pp. 199-211.
Hutton, D. G. (1991): *Self-esteem and memory for social interaction*, tesis doctoral no publicada, Case Western Reserve University, Ohio.
Kalichman, S. C. (1991): «Psychopathy and personality characteristics of criminal sexual offenders as a function of victim age», *Archives of Sexual Behavior*, 20, pp. 187-197.
Kalliopuska, M. (1987): «Relation of empathy and self-esteem to active participation in Finnish baseball», *Perceptual and Motor Skills*, 65, pp. 107-113.
Kanin, E. J. (1983): «Rape as a function of relative frustration», *Psychological Reports*, 52, pp. 133-134.
Koss, M. P.; Leonard, K. E.; Beezley, D. A. y Oros, C. J. (1985): «Nonstranger sexual aggression: A discriminant analysis of the psychological characteristics of undetected offenders», *Sex Roles*, 12, pp. 981-991.
Lalumiere, M. L.; Chalmers, L.; Quinsey, V. L. y Seto, M. C. (1996): «A test of the mate deprivation hypothesis of sexual coercion», *Ethology and Sociobiology*, 17, pp. 299-318.

Lang, R. A.; Flor-Henry, P. y Frenzel, R. R. (1990): «Sex hormone profiles in pedophilic and incestuous men», *Annals of Sex Research*, 3, pp. 59-74.
Langevin, R. (1990): «Sexual anomalies and the brain», en W. L. Marshall, D. R. Laws y H. E. Barbaree (eds.), *Handbook of sexual assault: Issues, theories, and treatments of the offender*, New York, Plenum Press, pp. 103-113.
Langevin, R.; Bain, J.; Ben-Aron, M.; Coulthard, R.; Day, D.; Handy, L.; Heasman, G.; Hucker, S. J.; Purins, J.; Roper, V.; Russon, A.; Webster, C. y Wortzman, G. (1984): «Sexual aggression: Constructing a predictive equation. A controlled pilot study», en R. Langevin (ed.), *Erotic preference, gender identity, and aggression in men: New research studies*, Hillsdale NJ, Lawrence Erlbaum, pp. 39-76.
Langevin, R.; Paitich, D. y Russon, A. E. (1985): «Are rapists sexually anomalous, aggressive, or both?», en R. Langevin (ed.), *Erotic preference, gender identity, and aggression in men: New research studies*, Hillsdale, NJ, Lawrence Erlbaum, pp. 13-38.
Lipton, D. N.; McDonel, E. C. y McFall, R. M. (1987): «Heterosocial perception in rapists», *Journal of Consulting and Clinical Psychology*, 55, pp. 17-21.
Maletzky, B. M. (1991): *Treating the sexual offender*, Newbury Park, CA, Sage Publications.
Marshall, W. L. (1989): «Intimacy, loneliness, and sexual offenders», *Behaviour Research and Therapy*, 27, pp. 491-503.
— (1993): «The role of attachment, intimacy, and loneliness in the etiology and maintenance of sexual offending», *Sexual and Marital Therapy*, 21, pp. 109-121.
— (1994): «Treatment effects on denial and minimization in incarcerated sex offenders», *Behaviour and Research Therapy*, 32, pp. 559-564.
— (1997): «The relationship between self-esteem and deviant sexual arousal in nonfamilial child molesters», *Behavior Modification*, 21, pp. 86-96.
Marshall, W. L.; Anderson, D. y Champagne, F. (1996): «Self-esteem and its relationship to sexual offending», *Psychology, Crime y Law*, 3, pp. 81-106.

Marshall, W. L.; Anderson, D. y Fernández, Y. M. (1999): *Cognitive behavioural treatment of sexual offenders*, London, John Wiley & Sons.

Marshall, W. L.; Barbaree, H. E. y Christophe, D. (1986): «Sexual offenders against female children: Sexual preferences for age of victims and type of behaviour», *Canadian Journal of Behavioural Science*, 18, pp. 424-439.

Marshall, W. L.; Barbaree, H. E. y Eccles, A. (1991): «Early onset and deviant sexuality in child molesters», *Journal of Interpersonal Violence*, 6, pp. 323-336.

Marshall, W. L.; Barbaree, H. E. y Fernández, Y. M. (1995): «Some aspects of social competence in sexual offenders», *Sexual Abuse: A Journal of Research and Treatment*, 7, pp. 113-127.

Marshall, W. L.; Champagne, F.; Brown, C. y Miller, S. (1997): «Empathy, intimacy, loneliness, and self-esteem in nonfamilial child molesters», *Journal of Child Sexual Abuse*, 6, pp. 87-97.

Marshall, W. L. y Darke, J. (1982): «Inferring humiliation as motivation in sexual offenses», *Treatment for Sexual Aggressives*, 5, pp. 1-3.

Marshall, W. L. y Fernández, Y. M. (en prensa): «Phallometric testing with sexual offenders: Limits to its value», *Clinical Psychology Review*.

Marshall, W. L. y Hall, G. C. N. (1995): «The value of the MMPI in deciding forensic issues in accused sexual offenders», *Sexual Abuse: A Journal of Research and Treatment*, 7, pp. 203-217.

Marshall, W. L. y Hambley, L. S. (1996): «Intimacy and loneliness, and their relationship to rape myth acceptance and hostility toward women among rapists», *Journal of Interpersonal Violence*, 11, pp. 586-592.

Marshall, W. L.; Hamilton, K. y Fernández, Y. M. (2000): *Empathy deficits and cognitive distortions in child molesters*, entregado para su publicación.

Marshall, W. L.; Hudson, S. M.; Jones, R. y Fernández, Y. M. (1995): «Empathy in sex offenders», *Clinical Psychology Review*, 15, pp. 99-113.

Marshall, W. L. y Kennedy, P. (2000): *Sexual sadism in se-*

xual offenders: A diagnostic dilemma, entregado para su publicación.

Marshall, L. E. y Marshall W. L. (octubre 1998): Sexual addiction and substance abuse in sexual offenders, ponencia presentada en la 17th Annual Research and Treatment Conference of the Association for the Treatment of Sexual Abusers, Vancouver.

— (2000): The sexual behavior of sexual offenders: Normative and nonnormative histories, manuscrito no publicado, Queen's University, Kingston (Ontario, Canadá).

Marshall, W. L. y Mazzucco, A. (1995): «Self-esteem and parental attachments in child molesters», Sexual Abuse: A Journal of Research and Treatment, 7, pp. 279-285.

Marshall, W. L.; Serran, G. A. y Cortoni, F. A. (2000): «Childhood attachments and sexual abuse and their relationship to coping in child molesters», Sexual Abuse: A Journal of Research and Treatment, 12, pp. 17-26.

McGuire, R. J.; Carlisle, J. M. y Young, B. G. (1965): «Sexual deviations as conditioned behaviour: A hypothesis», Behaviour Research and Therapy, 3, pp. 185-190.

McKibben, A.; Proulx, J. y Lusignan, R. (1994): «Relationships between conflict, affect and deviant sexual behaviors in rapists and pedophiles», Behaviour Research and Therapy, 32, pp. 571-575.

Meyer-Bahlburg, H.; Nat, R.; Boon, D. A.; Sharma, M. y Edwards, J. A. (1974): «Aggressiveness and testosterone measures in man», Psychosomatic Medicine, 36, pp. 269-274.

Miller, D. T. y Ross, M. (1975): «Self-serving biases in attribution of causality: Fact or fiction?», Psychological Bulletin, 82, pp. 213-225.

Money, J. (1995): «Forensic sexology: Paraphilic serial rape (biastophilia) and lust murder (erotophonophilia)», Acta Sexologica, 1, pp. 47-62.

Murphy, W. D. (1990): «Assessment and modification of cognitive distortions in sex offenders», en W. L. Marshall, D. R. Laws y H. E. Barbaree (eds.), Handbook of sexual assault: Issues, theories, and treatment of the offender, New York, Plenum Press, pp. 331-342.

Murphy, W. D.; Krisak, J.; Stalgaitis, S. J. y Anderson, K. (1984): «The use of penile tumescence measures with incarcerated rapists: Further validity issues», *Archives of Sexual Behavior*, 13, pp. 545-554.

Pithers, W. D.; Beal, L. S.; Armstrong, J. y Petty, J. (1989): «Identification of risk factors through clinical interviews and analysis of records», en D. R. Laws (ed.), *Relapse prevention with sex offenders*, New York, Guilford Press, pp. 77-87.

Prentky, R. A. (1985): «The neurochemistry and neuroendocrinology of sexual aggression», en D. P. Farrington y J. Gunn (eds.): *Aggression and dangerousness*, New York, John Wiley & Sons, pp. 7-55.

Prentky, R. A. y Knight, R. A. (1986): «Impulsivity in the lifestyle and criminal behavior of sexual offenders», *Criminal Justice and Behavior*, 13, pp. 141-164.

Proulx, J.; Aubut, J.; McKibben, A. y Cote, M. (1994): «Penile responses of rapists and nonrapists to rape stimuli involving physical violence or humiliation», *Archives of Sexual Behavior*, 23, pp. 295-310.

Proulx, R. A.; McKibben, A. y Lusignan, R. (1996): «Relationships between affective components and sexual behaviors in sexual aggressors», *Sexual Abuse: A Journal of Research and Treatment*, 8, pp. 279-289.

Quinsey, V. L. y Lalumiere, M. L. (1995): «Evolutionary perspectives on sexual offending», *Sexual Abuse: A Journal of Research and Treatment*, 7, pp. 301-315.

Quinsey, V. L.; Chaplin, T. C. y Carrigan, W. F. (1979): «Sexual preferences among incestuous and nonincestuous child molesters», *Behavior Therapy*, 10, pp. 562-565.

Quinsey, V. L.; Chaplin, T. C. y Varney, G. (1981): «A comparison of rapists' and non-sex offenders' sexual preferences for mutually consenting sex, rape, and physical abuse of women», *Behavioral Assessment*, 3, pp. 127-135.

Quinsey, V. L.; Harris, G. T. y Rice, M. E. (1995): «Actuarial prediction of sexual recidivism»,. *Journal of Interpersonal Violence*, 10, pp. 85-105.

Quinsey, V. L.; Lalumiere, M. L.; Rice, M. E. y Harris, G. T. (1995): «Predicting sexual offenses», en J. C. Campbell (ed.), *Assessing dangerousness: Violence by sexual offenders, batterers, and child abusers*, Thousand Oaks CA, Sage Publications, pp. 114-137.

Raboch, J.; Herna, C. y Zemek, P. (1987): «Sexual aggressivity and androgens», *British Journal of Psychiatry*, 151, pp. 398-400.

Rada, R. T.; Laws, D. R. y Kellner, R. (1976): «Plasma testosterone levels in the rapist», *Psychosomatic Medicine*, 38, pp. 257-268.

Russell, R. J. y Hulson, B. (1992): «Physical and psychological abuse of heterosexual partners», *Personality and Individual Differences*, 13, pp. 457-473.

Scott, M. L.; Cole, J. K.; McKay, S. E.; Golden, C. J. y Liggett, K. R. (1984): «Neuropsychological performance of sexual assaulters and pedophiles», *Journal of Forensic Sciences*, 29, pp. 1114-1118.

Scott, R. L. y Tetrault, L. A. (1987): «Attitudes of rapists and other violent offenders toward women», *Journal of Social Psychology*, 127, pp. 375-380.

Sefarbi, R. (1990): «Admitters and deniers among adolescent sex offenders and their families: A preliminary study», *American Journal of Orthopsychiatry*, 60, pp. 460-465.

Segal, Z. D. y Stermac, L. E. (1990): «The role of cognition in sexual assault», en W. L. Marshall, D. R. Laws y H. E. Barbaree (eds.), *Handbook of sexual assault: Issues, theories, and treatment of the offender*, New York, Plenum Press, pp. 161-174.

Seghorn, T. K.; Prentky, R. A. y Boucher, R. J. (1987): «Childhood sexual abuse in the lives of sexually aggressive offenders», *Journal of the American Academy of Child and Adolescent Psychiatry*, 26, pp. 262-267.

Seidman, B. T.; Marshall, W. L.; Hudson, S. M. y Robertson, P. J. (1994): «An examination of intimacy and loneliness in sex offenders», *Journal of Interpersonal Violence*, 9, pp. 518-534.

Serin, R. C.; Malcolm, P. B.; Khanna, A. y Barbaree, H. E. (1994): «Psychopathy and deviant sexual arousal in incarcerated sexual offenders», *Journal of Interpersonal Violence*, 9, pp. 3-11.

Smallbone, S. W. y Dadds, M. R. (1998): «Childhood attachment and adult attachment in incarcerated adult male sex offenders», *Journal of Interpersonal Violence*, 13, pp. 555-573.

Stermac, L. E.; Segal, Z. V. y Gillis, R. (1990): «Social and cultural factors in sexual assault», en W. L. Marshall, D. R. Laws y H. E. Barbaree (eds.), *Handbook of sexual assault: Issues, theories, and treatment of the offender*, New York, Plenum Press, pp. 143-159.

Tanay, E. (1969): «Psychiatric study of homicide», *American Journal of Psychiatry*, 125, pp. 1252-1257.

Tennen, H. y Herzberger, S. (1987): «Depression, self-esteem, and the absence of self-protective attributional biases», *Journal of Personality and Social Psychology*, 52, pp. 72-80.

Thornhill, R. y Thornhill, N. W. (1992): «The evolutionary psychology of men's coercive sexuality», *Behavioral and Brain Sciences*, 15, pp. 363-375.

Ward, T.; Hudson, S. M. y McCormack, J. (1997): «Attachment style, intimacy deficits, and sexual offending», en B. K. Schwartz y H. R. Cellini (eds.), *The sex offender: New insights, treatment innovations, and legal developments (Vol. II)*, Kingston, NJ, Civic Research Institute, pp. 2.1-2.14.

Ward, T.; Hudson, S. M.; Marshall, W. L. y Seigart, R. (1995): «Attachment style and intimacy deficits in sex offenders: A theoretical framework», *Sexual Abuse: A Journal of Research and Treatment*, 7, pp. 317-335.

Ward, T.; McCormack, J. y Hudson, S. M. (1997): «Sexual offenders' perceptions of their intimate relationships», *Sexual Abuse: A Journal of Research and Treatment*, 9, pp. 57-74.

Wilson, R. J. y Langevin, R. (1998): *Emotional congruence in sex offenders against children: A review and empirical validation*, entregado para su publicación.

Wormith, J. S.; Bradford, J. M. W.; Pawlak, A.; Borzecki, M. y Zohar, A. (1988): «The assessment of deviant sexual arousal as a function of intelligence, instructional set and alcohol ingestion», *Canadian Journal of Psychiatry*, 33, pp. 800-808.

Yates, E.; Barbaree, H. E. y Marshall, W. L. (1984): «Anger and deviant sexual arousal», *Behavior Therapy*, 15, pp. 287-294.

Zuckerman, M. (1979): «Attribution of success and failure revisited, or the motivational bias is alive and well in attribution theory», *Journal of Personality*, 47, pp. 245-287.

Capítulo 4

EL TRATAMIENTO Y SU EFICACIA

por W. L. Marshall

1. Introducción

Como vamos a ver, el programa de los Servicios Correccionales de Canadá para el tratamiento de los delincuentes sexuales ha probado su eficacia a la hora de reducir el número de este tipo de delincuentes que reinciden tras su puesta en libertad. Los Servicios Correccionales de Canadá, no solamente proporcionan tratamiento específico para el delincuente sexual, sino que también ofrecen otros programas. Éstos tienen un enfoque cognitivo-conductual dirigido al tratamiento de los aspectos que nosotros denominamos «específicos del delito», como son: la autoestima, las distorsiones cognitivas, la empatía, las relaciones íntimas, las conductas sexuales y el desarrollo de estrategias para la prevención de recaídas (Marshall, Anderson y Fernández, en prensa). Además de estos problemas, la mayoría de los delincuentes sexuales también tienen otras dificultades y se les pide que participen en varios programas junto con otros delincuentes no sexuales. A estos problemas adicionales los llamamos «relacionados con el delito», e incluyen: el débil control de la ira asociado con la agresión física, el abuso de sustancias, la dificultad en la resolución de problemas, el inadecuado afrontamiento del estrés, el deficiente cuidado de los hijos y la victimización personal. Estos programas son dirigidos por expertos en cada una de estas áreas, de modo que nosotros no tenemos que abordarlos directamente.

En Canadá, los delincuentes sexuales son evaluados exhaustivamente, para después decidir a qué prisión deben ir, dependiendo de si disponen o no de los programas necesarios para su tratamiento. Asimismo, teniendo en cuenta su mayor o menor número de necesidades, estos delincuentes son asignados a diferentes programas, de modo que los recursos son utilizados óptimamente. Los delincuentes sexuales con altas necesidades pasan por un programa intensivo asistiendo a 5 sesiones semanales de 3 horas cada una durante aproximadamente unos 6 meses. Posteriormente, participan en otros programas durante unos 10-12 meses. Los que tienen necesidades moderadas asisten a sesiones de 2 o 3 horas semanales durante 4 meses, más unos 6-8 meses de programas relacionados. Finalmente, los delincuentes sexuales con bajas necesidades se reúnen de 2 a 3 horas semanales durante 3 meses, y también pueden seguir otros programas.

Todos los tratamientos se llevan a cabo en grupo. Este procedimiento maximiza el uso de los recursos (por ejemplo, reciben tratamiento 10 reclusos a la vez) y facilita el desarrollo de las habilidades sociales y de la seguridad en uno mismo. Este tipo de terapia ha demostrado ser más eficaz que la terapia individual en el caso de los delincuentes sexuales (Borduin, Henggeler, Blaske y Stein, 1990). La administración y el personal de seguridad de cada prisión contribuyen a crear un ambiente propicio para el tratamiento, lo cual es importantísimo para que éste sea efectivo, puesto que favorece la implicación de estos agresores a la hora de afrontar temas difíciles en el tratamiento.

A continuación describiré cómo abordamos los temas «específicos del delito».

2. Los componentes del tratamiento

2.1. AUTOESTIMA

Las investigaciones sobre las adicciones han revelado que para conseguir una completa cooperación de los clientes y un menor número de recaídas es crucial aumentar la autoestima (Ciliska, 1990; Heatherton y Polivy, 1991; Miller, 1983). Además, la baja autoestima disuade a las personas de intentar cambiar su comportamiento (Rodin, Elias, Silberstein y Wagner, 1988) e impide que abandonen sus percepciones y creencias distorsionadas (Willis, 1981). Asimismo, hemos constatado que el aumento de la autoestima tiene efectos beneficiosos en otras áreas de tratamiento, tales como la mejora de la empatía, el aumento de las relaciones íntimas, la disminución del aislamiento y la reducción del interés por el sexo desviado (Marshall, 1997; Marshall, Champagne, Sturgeon y Bryce, 1997).

Una de las medidas para aumentar la autoestima de nuestros clientes es crear un ambiente terapéutico que sea a la vez un apoyo y un desafío, y les animamos a que progresen. También insistimos en que se refieran a sí mismos, no como delincuentes sexuales sino como personas que han cometido un delito sexual. Con esto intentamos disminuir los sentimientos de vergüenza (por ejemplo, «soy mala persona») y fomentar los sentimientos de culpa (por ejemplo, «he hecho algo muy malo»). Según han demostrado las investigaciones, la vergüenza es un obstáculo en el camino hacia el cambio, mientras que la culpa lo facilita (Bumby, Marshall y Langton, 1999).

Animamos a nuestros clientes a mejorar su educación, a realizar cursos de formación ocupacional, a tener más relaciones sociales y a cuidar su aspecto. Se espera que estos cambios produzcan un aumento de la autoestima. También les pedimos que piensen en varios aspectos positivos de sí mismos, que los escriban en una tarjeta que deben llevar consigo, y que los lean por lo menos tres veces al día, estrategia que ha demostrado mejorar la autoestima (Marshall y Christie, 1982). Además, este módulo ha sido examinado en su conjunto y está comprobado que aumenta considerablemente la autoconfianza de los delincuentes sexuales (Marshall, Champagne, Sturgeon y Bryce, 1997).

2.2. DISTORSIONES COGNITIVAS

El término «distorsiones cognitivas» describe una amplia gama de percepciones, actitudes y creencias inadecuadas (Ward, Hudson, Johnston y Marshall, 1997). Algunas de estas creencias y actitudes pueden estar bien arraigadas, y muchas de ellas tienen un claro propósito para el delincuente, ya que le permiten evitar aceptar la responsabilidad de sus agresiones. Puede culpar a la víctima diciendo que le había provocado; puede atribuir la responsabilidad a otra persona (por ejemplo, «la madre no protegía a su hijo»), o puede afirmar «estaba borracho y no me daba cuenta de lo que hacía». Un delincuente puede sentirse con derecho a abusar de un niño por ser su padre, por haberle hecho regalos o porque su mujer no le satisface sexualmente (Hanson, Gizzarelli y Scott, 1990). Un violador puede sentir que sus actos están justificados porque cree que tiene derecho a violar o porque piensa que las mujeres le han tratado mal siempre (Burt, 1980).

Obviamente, debemos cambiar estas distorsiones si queremos que el delincuente no reincida al salir de la cárcel.

En nuestro programa obtenemos información oficial a partir de los informes policiales y de las declaraciones de las víctimas. Esta información nos sirve de base para poder cuestionar los argumentos del delincuente. Éste tiene que contar su delito al grupo y, si elude su responsabilidad o manifiesta percepciones distorsionadas o actitudes inapropiadas, se le pone en evidencia. Este enfoque terapéutico es similar a la «reestructuración cognitiva» (Jenkins-Hall, 1989). Básicamente, esto implica poner en duda la opinión expresada por el agresor y proponerle una interpretación alternativa. De este modo, le ayudamos repetidamente a reconocer, por un lado, las desventajas que le supone mantener sus opiniones distorsionadas y, por otro, los beneficios de cambiarlas.

Aunque nadie parece haber determinado exactamente la eficacia de este método, sigue siendo muy popular y son muy pocos los programas que no tratan las distorsiones de esta manera. Hemos demostrado que nuestra estrategia, al menos, impide la negación en estos individuos y reduce sus intentos de minimizar su responsabilidad (Marshall, 1994). No obstante, todavía no hemos investigado sus efectos en las actitudes y creencias que estos hombres tienen acerca de las mujeres y los niños.

2.3. Empatía

Según nuestras investigaciones, muy pocos delincuentes sexuales carecen totalmente de empatía

(Fernández, Marshall, Lightbody y O'Sullivan, 1999; Marshall, Hudson, Jones y Fernández, 1993). Sin embargo, sí que muestran menos empatía hacia las víctimas de abuso sexual que otros hombres y, en lo que respecta a sus propias víctimas, carecen totalmente de ella (Fernández y otros, 1999). Esta falta de empatía parece ser el resultado de no reconocer el sufrimiento causado. Si un delincuente no reconoce haber hecho daño a su víctima, difícilmente se puede esperar que muestre preocupación. Por consiguiente, el principal propósito de este módulo es el de concienciar a los delincuentes sexuales del daño que causan, tanto real como potencialmente.

Las declaraciones de las víctimas sobre el impacto que han sufrido son particularmente útiles a la hora de poner en duda lo que el delincuente dice sobre la víctima. Pero en algunos casos no disponemos de su declaración, o los amigos o familiares del agresor le dicen que la víctima no ha sufrido. Para combatir eficazmente estos problemas empleamos diversas tácticas.

Para empezar, hacemos que cada delincuente describa los problemas que cree que las víctimas, en general, padecen como resultado de haber sido agredidas sexualmente. Cuando todos los miembros del grupo finalizan sus descripciones solemos tener una lista que concuerda en grandes líneas con las consecuencias conocidas de la agresión sexual. A continuación les pedimos que identifiquen los problemas de la lista que su víctima probablemente está sufriendo, o puede sufrir en el futuro. Cuando alguno se resiste a identificar consecuencias negativas para su víctima, el grupo lo pone en evidencia.

Los delincuentes también ven y leen relatos de víctimas que describen su angustia al ser agredidas.

Además, se le pide a cada uno que escriba una hipotética carta de su víctima dirigida a él. En ella se deben expresar los traumas conductuales, emocionales y cognitivos que el abuso le supuso a la víctima. Esta carta es leída al grupo en voz alta y, tras plantear cuestiones en torno a ella, el delincuente tiene que reescribirla hasta que satisfaga a todos los miembros. Suelen hacer falta dos o tres revisiones antes de que el grupo acepte la carta. El siguiente paso consiste en que el delincuente responda a su víctima con otra hipotética carta, en la cual debe asumir toda la responsabilidad, aceptar la legitimidad de la rabia y la angustia de la víctima y señalar que está haciendo esfuerzos para evitar volver a agredir.

Este módulo ha demostrado ser extremadamente eficaz a la hora de aumentar la empatía de los agresores hacia sus víctimas (Marshall, O'Sullivan y Fernández, 1996).

2.4. Intimidad

Al aumentar las habilidades en el desarrollo de la intimidad, reducir la soledad y cambiar las estrategias de apego ineficaces de los delincuentes sexuales, éstos deberían ser capaces de satisfacer sus necesidades de manera prosocial. Los maltratadores de niños, por ejemplo, pretenden satisfacer sus distintas necesidades (sexuales, de intimidad, confirmación de su valía, poder y control) manteniendo relaciones sexuales con niños. Ellos ven a los adultos como amenazadores, dominantes y no gratificantes (Howells, 1979), principalmente, porque carecen de la confianza y las habilidades necesarias para establecer relaciones satisfactorias con adultos. En el caso de los violadores también se observan estas carencias.

En nuestro programa de tratamiento (Marshall, Bryce, Hudson, Ward y Moth, 1996) hemos desarrollado un amplio módulo destinado a proporcionar las habilidades necesarias para aumentar las relaciones íntimas apropiadas, reducir la soledad y modificar las estrategias de apego de nuestros clientes. En él ofrecemos una educación sexual dirigida a esclarecer cuáles son las conductas sexuales practicadas por parejas sexualmente satisfechas. También abordamos los muchos mitos que existen acerca de la sexualidad, incluyendo las supuestas diferencias entre los hombres y las mujeres. Este módulo se ocupa, por un lado, de enseñar las multiples habilidades que son esenciales para mantener relaciones eficaces, como las que se refieren a comunicación, el respeto, la empatía y la crianza y, por otro, de poner en tela de juicio los mitos que obstaculizan las relaciones satisfactorias, como por ejemplo que el hombre tiene que estar siempre al mando y tomar todas las iniciativas, o que la pareja no debe cambiar. También incluimos el problema de los celos en el tratamiento, y examinamos cuál es su causa. Cuestionamos la idea de que provocar celos es una buena manera de comprobar el amor de la pareja, y ponemos de manifiesto lo destructivas que son esas estrategias. Intentamos que aprendan de anteriores relaciones, en vez de culpar a las antiguas parejas. Finalmente, ayudamos a nuestros clientes a darse cuenta de que la soledad puede brindar una oportunidad para aprender a confiar en sí mismos y que deberían tener cuidado al iniciar relaciones personales con el fin de seleccionar una pareja compatible.

Una vez más, hemos examinado los beneficios de

este módulo y hemos constatado que incrementa las relaciones íntimas y disminuye la soledad (Marshall, Bryce y otros, 1996). Además, los delincuentes tienen contactos telefónicos muy frecuentes y reciben visitas *bis-à-bis*, incluso conyugales, con bastante regularidad, y no hay duda de que esto les permite practicar las habilidades que les enseñamos, y contribuye a mejorarlas.

2.5. CONDUCTAS SEXUALES

Son muchos los aspectos de la conducta sexual de estos delincuentes que han de ser examinados y modificados en el tratamiento. Así, por ejemplo, se constata que son excesivamente escrupulosos en cuanto al sexo. Únicamente consideraron aceptable la realización del coito en la postura tradicional (el hombre sobre la mujer) (Record, 1977). Sin embargo, expresaron fuertes deseos de realizar otras muchas prácticas sexuales, tales como la penetración vaginal por detrás, el sexo oral y anal, a pesar de haberlas clasificado como inapropiadas y repugnantes. En este módulo se imparte un curso de educación sexual básica en el que, además de darles información general sobre fisiología, anatomía y reproducción, nos centramos en la descripción de toda la gama de prácticas sexuales comunes y relacionadas empíricamente con una mayor gratificación sexual. En esas discusiones hacemos uso del humor para crear un ambiente más relajado y tolerante hacia el sexo.

Como hemos visto anteriormente, para los delincuentes sexuales el sexo es una manera de afrontar los problemas que no saben resolver de otra manera. En este intento de resolver o escapar de los problemas, los delincuentes sexuales se valen, tanto de las relaciones sexuales apropiadas como del sexo desviado. Intentamos hacerles comprender que el uso del sexo como estrategia de afrontamiento no es una reacción insólita en los hombres, pero cuando esa estrategia es usada continuamente y se convierte en la única respuesta ante las dificultades resulta ineficaz, además de no favorecer la satisfacción mutua. Todos nuestros clientes reciben entrenamiento en la resolución de problemas, dentro del programa «relacionado con el delito», y les animamos a usar las habilidades aprendidas en ese entrenamiento en vez de recurrir exclusivamente al sexo como método para resolver sus problemas.

Algunos delincuentes sexuales fantasean con sus actos desviados mientras se masturban. Esto parece ser más común entre los maltratadores de niños que entre los violadores, y más aún entre los que siempre abusan de niños varones. La asociación de las fantasías desviadas, junto con la excitación inducida por la masturbación, aparte de consolidar el deseo de llevarlas a la práctica, crea firmes distorsiones cognitivas. Por ejemplo, el maltratador infantil suele incorporar a sus fantasías conductas por parte del niño que indiquen deseo de practicar el sexo con un adulto. Después de muchas repeticiones de estos elementos en su fantasía, reforzados por el placer de la excitación sexual, el delincuente acabará creyendo que todos los niños desean y buscan tener sexo con adultos. De esta manera, interpretará actos inocentes de los niños como invitaciones al sexo. Obviamente, queremos que los delincuentes sexuales abandonen estas prácticas, cambien sus fuertes ideas irracionales y los deseos que subyacen a este tipo de conductas.

En los años sesenta y setenta los terapeutas conductuales diseñaron varios procedimientos para reducir las fantasías desviadas. Muchas de las estrategias estrictamente aversivas han dejado de utilizarse (por ejemplo, la asociación de pensamientos desviados con descargas eléctricas, drogas que provocan náuseas, o malos olores), principalmente por motivos éticos, aunque las pruebas de su eficacia nunca fueron concluyentes (Quinsey y Earls, 1990; Quinsey y Marshall, 1983). Las intervenciones basadas en la sensibilización encubierta y la masturbación han sido muy utilizadas, aunque su efectividad tampoco está totalmente demostrada.

De hecho, al examinar la eficacia de las técnicas de recondicionamiento de la masturbación, Laws y Marshall (1991) concluyeron que había poco o ningún apoyo a favor de su utilización. Las dos técnicas que sí consideraron algo eficaces eran la «masturbación dirigida» y la «saciedad». La masturbación dirigida (Maletzky, 1985) consiste en decirle al delincuente que piense en fantasías prosociales cuando se masturba (por ejemplo, relaciones sexuales con una persona que sea adulta y esté de acuerdo), aunque al principio estas fantasías no le exciten mucho. La idea es la de asociar repetidamente imágenes sexuales apropiadas con la excitación sexual y, de este modo, aumentar la atracción por este tipo de conductas adecuadas. La saciedad (Marshall, 1979) requiere del delincuente que diga en voz alta todas las variaciones posibles de sus fantasías desviadas, inmediatamente después de haber llegado al orgasmo a través de la masturbación. Como durante el periodo que sigue inmediatamente al orgasmo los hombres no son sensibles (o por lo menos, mucho menos sensibles) a los estímulos sexuales, esta técnica asociará los pensamientos desviados con una excitación sexual baja o nula. Esta asociación ha demostrado eliminar el deseo sexual hacia prácticas desviadas (Hunter y Goodwin, 1992; Johnston, Hudson y Marshall, 1992). Al combinar la masturbación dirigida con la saciedad se pretende, por un lado, aumentar la atracción por las prácticas sexuales apropiadas y, por otro, disminuir la atracción por las prácticas sexuales desviadas. Laws y Marshall (1991) encontraron bastante evidencia a favor de esta combinación.

Algunos terapeutas usan también fármacos para reducir el interés por las prácticas desviadas. Así, por ejemplo, en muchos programas se administran antiandrógenos para moderar los impulsos sexuales de estos delincuentes (véase Bradford, 1990, para una reseña). En sus investigaciones, Bradford y Pawlak (1993) han mostrado que al administrar cuidadosamente dosis de acetato de ciproterona, los deseos desviados pueden ser eliminados, preservando al mismo tiempo la sensibilidad apropiada. Esto es exactamente lo que queremos conseguir. Otros clínicos también han utilizado uno de los *inhibidores selectivos de la reabsorción de la serotonina (ISRS)* para controlar estos impulsos (Greenberg y Bradford, 1997). Hay que precisar que existen evidencias a favor de la utilización de los ISRS en el tratamiento de los delincuentes sexuales, pero sólo dentro del contexto de un exhaustivo programa de psicoterapia, como el que está descrito aquí (Bradford y Greenberg, 1998).

Por supuesto, son diversas las motivaciones que subyacen a los deseos, fantasías y prácticas sexuales desviados, aunque en el pasado los terapeutas conductistas simplificaron el problema de estos delincuentes argumentando que habían adquirido tendencias desviadas debido a algún tipo de condicionamiento fortuito. Estos terapeutas opinaban que para eliminar las conductas desviadas era suficiente suprimir los deseos sexuales desviados (Bond y Evans, 1967). En nuestra opinión (Marshall, Anderson y Fernández, 1999), el delincuente actúa o fantasea conscientemente de un modo desviado con el fin de satisfacer diversas necesidades (de poder y control, de no sentirse amenazado en sus relaciones, de expresar su ira y su agresividad, de gratificación sexual, etc.) que no pueden satisfacer de una manera socialmente aceptada. Por ello, si dotamos al delincuente de seguridad en sí mismo y de habilidades sociales, supuestamente, su necesidad de actos y pensamientos desviados debería reducirse.

Con el fin de comprobar esta hipótesis, Marshall (1997) evaluó las preferencias sexuales mediante falometría antes y después de un programa de tratamiento que cubría todos los objetivos descritos en este capítulo, excepto el de las fantasías sexuales desviadas. Los resultados indicaron que, incluso entre los delincuentes que se excitaban mucho al ver imágenes desviadas antes del tratamiento y que tenían un amplio y grave historial delictivo, el deseo sexual se redujo mucho después del tratamiento. Por tanto, hemos demostrado que aumentando la capacidad de los delincuentes de satisfacer sus necesidades de manera prosocial podemos reducir sus tendencias sexuales desviadas, sin afrontar directamente las fantasías desviadas.

2.6. ESTRATEGIAS DE PREVENCIÓN DE RECAÍDAS

La esencia de este módulo es la integración de todas las estrategias aprendidas hasta ahora y el dise-
ño de un plan de acción que tiene como objetivo reducir la probabilidad de que el delincuente vuelva a
agredir. Las técnicas de prevención de recaídas
(PR), desarrolladas por Alan Marlatt y sus colegas
(Marlatt y Gordon, 1985), se idearon para afrontar
el problema de las recaídas post-tratamiento en las
adicciones. La primera en sugerir que estas estrategias podían utilizarse también en el tratamiento de
los delincuentes sexuales fue Janice Marques (Marques, 1982, 1984) y, desde entonces, la mayoría de
los programas en Norteamérica han usado un enfoque de PR (Laws, 1989).

Sin embargo, ha habido grandes variaciones en
su aplicación, dado que algunos programas únicamente han incorporado ciertos aspectos de la PR,
mientras que en otros ha sido el objetivo principal
del tratamiento (Marshall y Anderson, en prensa). Al
revisar los beneficios obtenidos al incorporar módulos de PR a programas cognitivo-conductuales
llegamos a la conclusión de que una aplicación di-
latada de este método era contraproducente, sobre
todo cuando iba acompañada de una extensiva supervisión y tratamiento una vez que el delincuente
había salido de prisión (Marshall y Anderson, 1996,
en prensa). Sostuvimos que la excesiva supervisión
y apoyo durante la fase de seguimiento puede hacer
creer a los delincuentes sexuales que no son capaces
de funcionar adecuadamente por sí mismos. Por lo
tanto, predijimos que una vez finalizado este periodo de seguimiento, las tasas de recaída se incre-
mentarían dramáticamente, y eso fue exactamente

lo que se constató (Marshall y Anderson, 1996, en prensa). Como resultado de esta observación, siempre hemos sido cuidadosos en la aplicación de estrategias de PR, tanto en nuestros programas de tratamiento como durante el seguimiento.

Ayudamos a los delincuentes a identificar tres aspectos presentes en su conducta delictiva: 1) aquellos factores de riesgo que se daban en el momento de la comisión de los delitos (baja autoestima, sentimientos de ira, ansiedad o desesperación, estrés, problemas en las relaciones interpersonales, etcétera); 2) las conductas implicadas en todo el proceso delictivo (ganarse la confianza del niño siendo simpático con él, buscar potenciales víctimas dando vueltas en coche, manipular a otras personas para librarse de ellas, inventar excusas que le den la oportunidad de delinquir, etc.), y 3) los tipos de situación que constituyen un riesgo (estar solo con un niño, deambular de noche, conducir por caminos desiertos, presentarse como voluntario o trabajar en situaciones que conlleven autoridad y acceso a niños o mujeres, etc.). Al identificar estos factores, conductas y situaciones, el delincuente puede comprender mejor qué es lo que le lleva a delinquir, así como los pasos implicados en la cadena del delito, con lo que le será más fácil romper con ella. Una vez identificados estos aspectos desencadenantes, ayudamos al delincuente a planificar acciones para afrontar mejor, o evitar, estos factores de riesgo, comportamientos y situaciones. Lo denominamos plan de PR. Si los sentimientos de depresión, por ejemplo, eran un factor de riesgo en el pasado, es decir, si el estar deprimido aumentaba la probabilidad de cometer un delito, entonces el delincuente deberá planificar una serie de acciones para intentar evitar la depresión y, en caso de no conseguirlo, saber enfrentarse a ella. Puede marcarse diferentes objetivos, como establecer más contactos sociales, hacer deporte, etc., con el fin de tener un estado de ánimo positivo. Si empieza a sentirse deprimido, puede discutir la situación con amigos; si esto no ayuda, irá a ver a su médico; y si eso tampoco le resuelve el problema, pedirá ser admitido en una unidad de salud mental del hospital local. Nunca basta un solo plan para afrontar un problema; debe haber siempre planes de reserva por si el primero falla.

Finalmente, hacemos que nuestros delincuentes redacten dos listas de señales de alarma. Una de ellas describe conductas que las demás personas pueden observar y que indican que el delincuente está recayendo en patrones de comportamiento peligroso. La otra describe aquellos pensamientos y sentimientos que avisan al delincuente de que se está acercando a un punto de alto riesgo, para que él pueda poner en marcha sus planes de PR y romper el proceso que lleva al delito.

El delincuente guarda copia, tanto de los aspectos relacionados con su conducta delictiva como de sus planes de PR y de sus señales de alarma. Cuando sale de prisión debería leerlos periódicamente para asegurarse de que no está recayendo y utilizarlos en caso de necesidad. También debería dar una copia de todos estos documentos a una persona de apoyo (amigo o familiar) que haya aceptado ayudarle para evitar una recaída. Los oficiales que supervisan la libertad condicional también deberían recibir una copia de estas listas para así poder cumplir su función más eficazmente.

3. Eficacia del tratamiento

Existen muchas maneras de evaluar la eficacia de un tratamiento. Los programas deben demostrar la capacidad que tienen de producir los cambios deseados en los delincuentes a través de la aplicación de los diferentes módulos en el tratamiento. El programa que acabamos de describir ha demostrado que mejora la autoestima de nuestros clientes (Marshall, Champagne, Sturgeon y Bryce, 1997), aumenta su empatía (Marshall, O'Sullivan y Fernández, 1996), mejora su capacidad de tener relaciones íntimas, reduce sus sentimientos de soledad (Marshall, Bryce, Hudson, Ward y Moth, 1996), corrige su interés por prácticas sexuales desviadas (Marshall, 1979, 1997) y cambia algunos aspectos de sus distorsiones cognitivas (Marshall, 1994). Sin embargo, la mayor preocupación, y la meta principal del tratamiento de los delincuentes sexuales, es la de reducir el número de ellos que vuelve a delinquir.

No pretendemos, al menos por el momento, conseguir la completa eliminación de los futuros delitos, pero somos conscientes de que un programa como el nuestro sólo puede justificar su continuación si los delincuentes tratados recaen con menor frecuencia que un grupo control de delincuentes no tratados. Aunque puede parecer sencillo llevar a cabo una evaluación así, no siempre es fácil identificar un grupo control adecuado. A muy pocos clínicos les gustaría poner en una situación de riesgo a mujeres y niños, no dando tratamiento deliberadamente a unos delincuentes sexuales con el único propósito de disponer de un grupo control para compararlo con otro de delincuentes sí tratados, aunque algunos han argumentado que eso es exactamente lo que se debería hacer (Quinsey, Harris, Rice y Lalumière, 1993). Por suerte, los Servicios Correccionales de Canadá tienen expedientes actualizados de todos los delincuentes sexuales que han pasado por sus instituciones a lo largo de los años. Los investigadores pueden acceder a estos expedientes para extraer un grupo de delincuentes no tratados con parecidas variables demográficas e historial delictivo que el grupo tratado. Varios programas terapéuticos fuera del ámbito de estos Servicios Correccionales también han logrado identificar ambos grupos. Estos grupos de comparación son conocidos como muestras de «conveniencia», dado que no son comparaciones generadas experimentalmente. Éste sólo puede darse cuando todos los voluntarios para el tratamiento son seleccionados aleatoriamente, tanto para el tratamiento como para el no tratamiento. Dicho procedimiento da lugar a lo que denominamos un estudio sobre los resultados «adecuado o apropiado» (Quinsey y otros, 1993). En este sentido, aquellos estudios que utilizan grupos control convenientes son considerados menos perfectos, aunque, en realidad, puede que sean la única alternativa práctica utilizada en la mayoría de los casos. Sin embargo, cabe destacar que en la muestra de conveniencia deben coincidir las características demográficas y delictivas más notables, tanto en los individuos tratados como en los no tratados. Todos los estudios mencionados en este capítulo reúnen estos criterios.

Al comparar delincuentes tratados y no tratados, los investigadores utilizan los informes policiales como base para estimar las tasas respectivas de reincidencia; por «reincidencia» se entiende el porcentaje de delincuentes en cada grupo que ha vuelto a delinquir por lo menos una vez. Evidentemente, el número oficial de casos de reincidencia está por debajo del número real. Sin embargo, no hay ninguna razón para suponer que esta diferencia afecta de forma distinta a los delincuentes tratados y no tratados, de modo que las cifras oficiales deberían reflejar las diferencias reales entre estos grupos.

Barbaree (1997) ha observado que la tasa base de reincidencia entre los agresores sexuales tiende, con frecuencia, a la baja (por ejemplo, entre el 15 y el 35%) y que una tasa tan baja puede crear dificultades en la percepción estadística del resultado del tratamiento. Marshall y Williams (1999) han sugerido que sería mucho mejor utilizar como índice de efectividad el número de víctimas de agresores reincidentes. Anteriormente, Marshall y Barbaree (1998) dijeron que cuando un agresor sexual reincidía, lo hacía por término medio contra más de dos víctimas. De este modo, si contamos el número de víctimas en lugar del número de reincidentes, la tasa base se duplica, siendo así mucho más fácil mostrar la eficacia del tratamiento.

El debate sobre la eficacia del tratamiento de los agresores sexuales continúa. Habitualmente hemos sido optimistas con los resultados obtenidos (Marshall, 1996*a*, *b*; Marshall, Jones, Ward, Johnston y Barbaree, 1991; Marshall y Pithers, 1994; Marshall, Ward, Jones, Johnston y Barbaree, 1991); sin embargo, Quinsey y sus colegas han argumentado que las pocas pruebas de que disponemos no son suficientes para medir la efectividad del tratamiento (Quinsey, Harris, Rice y Lalumière, 1993; Quinsey, Khanna y Malcolm, 1998). Además, Quinsey y otros (1993) aseguran que los estudios que muestran resultados favorables no pueden tomarse como conclusiones definitivas, dado que la metodología es imperfecta; esto es, que los estudios no han asignado aleatoriamente la muestra, formada por voluntarios, a los grupos experimental y control.

En un importante estudio, Furby, Wienrott y Blackshoaw (1989) llegaron a la conclusión de que «no existe ninguna prueba de que el tratamiento disminuya la reincidencia de los agresores sexuales» (p. 25). Furby y sus colegas se referían a la falta de pruebas, mientras que algunos lectores interpretaron que el tratamiento no era efectivo. Pero esto sólo podría ser cierto si en todos los estudios realizados sobre la eficacia del tratamiento se hubiera puesto de manifiesto la inexistencia de resultados óptimos. Si un solo estudio, que disponga de la metodología adecuada, demostrase que el tratamiento disminuye la reincidencia, entonces, obviamente, podríamos concluir que el tratamiento es eficaz. Por supuesto, es necesaria la reproducción independiente para llegar a conclusiones firmes, aunque un estudio bien controlado con resultados positivos justifica, desde luego, este optimismo. ¿Y si existen varios estudios que demuestran la no efectividad del tratamiento?, ¿deberíamos llegar a la conclusión de que el tratamiento no funciona y desistir en el intento? Éste es, esencialmente, el mensaje de Quinsey y sus colegas (Quinsey y otros, 1993, 1998). Sin embargo, ¿tiene algún sentido esta conclusión?

Del mismo modo que a lo largo de los años se han investigado numerosos tratamientos para combatir el cáncer, aunque al principio ninguno tuviera éxito, en la actualidad se ha logrado frenar el avance de algunos tipos de cáncer y se pueden curar otros. Esto no hubiera sucedido si los oncólogos simplemente hubieran desistido ante sus fracasos anteriores. Por tanto, aunque se hubiera llegado a la conclusión de que el tratamiento para los agresores sexuales no ha sido, hasta ahora, efectivo, no deberíamos darnos por vencidos; sin embargo, esto es exactamente lo que Quinsey recomienda (Quinsey, Khanna y Malcolm, 1996). De hecho, él afirma que se debería abandonar el tratamiento de los agresores sexuales y que los fondos deberían ir a parar a su puesta en libertad en la comunidad. Quinsey sugiere que se les debería supervisar hasta los diez años posteriores a su puesta en libertad. Desde luego, algún tipo de supervisión durante un tiempo determinado tras su liberación sería conveniente, pero lo más extraño es que mientras Quinsey basa esta estrategia en lo que él percibe como una falta de pruebas para la eficacia del tratamiento, no hay datos que apoyen el valor de esta supervisión postliberación. En cualquier caso, está claro que los clínicos van a continuar ofreciendo tratamiento a los agresores sexuales y cabe esperar que, durante los próximos años, veamos la publicación de muchas más evaluaciones de resultados que nos ayudarán a formarnos una idea bien fundada sobre el valor del tratamiento.

Actualmente existen por lo menos once estudios sobre los resultados del tratamiento en los que se han utilizado grupos control adecuados. Tres de ellos (Hanson, Steffy y Gauthier, 1993; Quinsey, Khanna y Malcolm, 1998; Rice, Quinsey y Harris, 1991) no encontraron ningún efecto en los sujetos. En dos de éstos, los de Hanson y otros, y los de Rice y otros, se analizaron los resultados de los tratamientos llevados a cabo durante los años 70, considerados como muy limitados en su alcance y dirigidos, principalmente, a las preferencias sexuales desviadas. Dado que los programas para los agresores sexuales se iniciaron en los años 70 y han ido incluyendo desde entonces una amplia gama de objetivos en el tratamiento, las conclusiones de estos estudios nos sirven para dar apoyo a los cambios producidos por estos nuevos objetivos. Desde esa perspectiva se consideran históricamente valiosos, pero no podemos decir de ellos que puedan proporcionar una valoración de la práctica actual. En cambio, el estudio de Quinsey y otros sí evalúa un programa más contemporáneo. No obstante, en un análisis posterior (Looman, Abracen y Nicholaichuk, 1998) de los mismos datos llevado a cabo con un grupo control más adecuado se halló un resultado significativo en el tratamiento.

La evaluación de Marques sobre un programa de tratamiento en California (Marques, Day, Nelson y Miner, 1989) está considerada, desde muchos puntos de vista, como un estudio ejemplar. Recientemente, Marques (comunicación personal, marzo de 1998) ha proporcionado datos de supervisión sobre este programa mostrando, positivamente, el beneficio del tratamiento, aunque el análisis de dichos datos da lugar a algunos problemas. Por ejemplo, entre los violadores liberados de todas las prisiones de California se ha constatado su reincidencia sólo en un 6% de los que no recibieron ningún tipo de tratamiento. Esta tasa de reincidencia es notablemente baja entre agresores tan graves y está, a su vez, por debajo de cualquier otro índice que aparezca en otros estudios. No está claro por qué este índice es tan bajo, pero, desde luego, este hecho indica que algo no funciona en el método utilizado para tener acceso a los índices de reincidencia.

Afortunadamente, hay siete estudios que demuestran los beneficios del tratamiento. Nuestros programas externos para acosadores de niños (Marshall y Barbaree, 1988) y exhibicionistas (Marshall, Eccles y Barbaree, 1991) mostraron una clara disminución de la reincidencia entre las personas tratadas, en comparación con las que no fueron tratadas. De igual modo, Worling y Curwen (1998) mostraron el valor de su programa comunitario para agresores sexuales jóvenes. Los investigadores canadienses han mostrado que no sólo los programas llevados a cabo dentro de la prisión (Looman y otros, 1998; Nicholaichuk, Gordon, Andre, Gu y Wong, 1998) sino también un programa llevado a cabo en un centro psiquiátrico para agresores sexuales peligrosos (Proulx, Ouiment, Pellerin, Paradis, McKibben y Aubut, 1995) conllevan claros resultados positivos del tratamiento. Asimismo, Bakker, Hudson Wales y Riley (1998) hallaron entre los acosadores de niños que fueron tratados en una prisión de Nueva Zelanda una considerable disminución de la reincidencia.

La siguiente tabla (4.1) describe los datos de reincidencia referentes a varios programas que han llevado a cabo estudios comparativos con delincuentes sexuales tratados y no tratados. En todas las comparaciones, los delincuentes no tratados tenían las mismas características demográficas y de historial delictivo que los delincuentes que recibieron tratamiento. Todos los programas hicieron un seguimiento de los delincuentes durante al menos tres años después de su reinserción en la sociedad. En cada caso, el grupo tratado tuvo una tasa de reincidencia significativamente inferior al grupo no tratado.

Las tasas de reincidencia son porcentajes y se refieren al número de reincidentes por cada cien

Resultado positivo del tratamiento aplicado en siete programas

	Con tratamiento	Sin tratamiento
Marshall y Barbaree, 1988**		
Acosadores de niños		
Mujeres víctimas	18*	43
Hombres víctimas	13	43
Agresores incestuosos	8	22
Marshall, Eccles y Barbaree (1991)		
Exhibicionistas		
Estudio 1	39	57
Estudio 2	24	
Looman y otros (1998)		
Pre-1989 (agresores más graves)	28	52
Post-1989 (agresores menos graves)	7	25
Nicholaichuk y otros (1998)		
Violadores	14	4 2
Acosadores de niños	18	62
Bakker y otros (1998)		
Acosadores de niños	8	21
Proulx y otros (1998)		
Acosadores de niños	6	33
Violadores	39	71
Worling y Curwen (1998)		
Agresores sexuales adolescentes mixtos	5	18

* Todas las figuras son tasas de reincidencia de agresión sexual redondeadas hacia el número entero más cercano.

** Todos los datos de los dos estudios de Marshall se obtienen de registros oficiales y no oficiales.

delincuentes. Así pues, en su totalidad, los datos disponibles en la actualidad parecen apoyar la idea de que el tratamiento de agresores sexuales puede ser eficaz. Las pruebas indican que las versiones modernas de los tratamientos cognitivos-conductuales eran efectivas.

4. Un análisis de costes y beneficios

Los gobiernos y otras agencias que aportan fondos se muestran a menudo preocupados por los costes del tratamiento de los delincuentes sexuales. Incluso ante las evidencias bastante convincentes de que el tratamiento puede reducir el número de reincidentes y, de esta manera, también el número de víctimas, las posibles fuentes de financiación siguen siendo reacias a cubrir los gastos de tratamiento. En los años 80, el gobierno canadiense reconoció que el tratamiento de los delincuentes sexuales podía reducir el número de víctimas, pero alegó que no podía permitirse el gasto necesario para ampliar los programas de tratamiento con el objetivo de hacer frente al creciente número de delincuentes identificados. Por esto, decidí examinar más de cerca el coste y el posible ahorro que supondría para los contribuyentes el tratamiento eficaz de los delincuentes sexuales (Marshall, 1986; 1992).

Para poder llevar a cabo este análisis pedí a varias agencias que me calcularan aproximadamente lo qué costaría la investigación policial y el proceso judicial de los presuntos casos de delincuencia sexual y, en caso de condena, su encarcelación. La policía y las agencias de protección de menores me dieron una estimación del coste promedio que supone

investigar una denuncia de abuso sexual. La Oficina
del Fiscal de la Corona (Crown Prosecutor's Office)
calculó el coste de preparar un caso y de presentar-
lo ante un tribunal. Los tribunales calcularon lo que
cuesta la vista de un caso, decidir si el acusado es
culpable o inocente, y sentenciarlo. Los hospitales
locales remitieron el coste de los exámenes médicos
de las presuntas víctimas, algo necesario en la casi
totalidad de los casos, y, para terminar, los servicios
penitenciarios me describieron lo que les cuesta alimentar y vestir a un delincuente durante por lo menos un año. Recopilé todos estos datos y llegué a la
conclusión de que al gobierno (es decir, a los contribuyentes) le cuesta cada caso de delincuencia sexual
aproximadamente 200.000 dólares canadienses (20
millones de pesetas). Estos costes son cálculos con-
servadores y se refieren al caso en que el delincuente es condenado y encarcelado, como suele ocurrir
cuando se trata de alguien reincidente. Un delincuente sexual reincidente, por ejemplo, sería condenado con casi total seguridad a más de un año de
prisión. Tampoco se han incluido los elevados costes
para los sistemas de salud que supone tratar a las
víctimas. Sin embargo, estos costes han sido verifi-
cados independientemente por investigadores en
Massachusetts (Prentky y Burgess, 1991).

De la tabla 4.1 he sacado la diferencia promedio entre la reincidencia de los delincuentes tratados
y no tratados. La media de reincidentes en los grupos sin tratamiento es de 42, mientras que en los
grupos con tratamiento es de tan sólo 16, con lo que
tenemos una reducción media de 26. Así pues, de
cada 100 delincuentes tratados, 26 hubieran vuelto a
delinquir sin tratamiento, pero no lo hicieron porque
sí lo recibieron. Dado que cada delincuente cuesta

200.000 dólares, al tratar a 100 delincuentes sexuales ahorramos a la sociedad 26 × 200.000 = 5,2 millones de dólares canadienses (520 millones de pesetas).

Es difícil calcular el coste exacto del tratamiento de los delincuentes sexuales. No sólo todos reciben tratamiento en prisión y más o menos supervisión tras su puesta en libertad, sino que algunos incluso reciben tratamiento cuando están libres. Si calculamos por arriba los gastos que supone el tratamiento parece que, cuando las prisiones canadienses y los servicios de libertad condicional dan estos amplios servicios a los delincuentes sexuales, esto cuesta unos 7.000 dólares canadienses por cada delincuente (700.000 pesetas). Así pues, el tratamiento de 100 delincuentes sexuales le cuesta a los Servicios Correccionales de Canadá 700.000 dólares canadienses (70 millones de pesetas).

Al hacer balance del ahorro de 5,2 millones de dólares canadienses frente al gasto de 700.000 dólares, queda claro que el tratamiento extenso que es proporcionado por los Servicios Correccionales de Canadá resulta sorprendentemente eficiente. Según estos cálculos, los programas de tratamiento de los delincuentes sexuales ahorran a los contribuyentes unos 4,5 millones de dólares canadienses (450 millones de pesetas). Incluso si los ahorros se han calculado por lo alto, está claro que no es caro tratar a los delincuentes sexuales. Así, estos cálculos indican que los gobiernos no pueden permitirse no tratarlos. El tratamiento, no solamente ahorra dinero, sino que evita claramente que un número considerable de personas inocentes sufra a manos de estos delincuentes.

5. Conclusión

Los extensos programas de tratamiento cogniti-vo-conductual para los delincuentes sexuales que inciden en una gran variedad de problemas pueden mejorar eficazmente su capacidad de satisfacer sus necesidades de modo prosocial. Estas mejoras están relacionadas con la posterior reducción de la reincidencia. A su vez, además de evitar la posible victimización de muchos inocentes, esta reducción de la reincidencia ahorra a la sociedad el coste considerable de tener que afrontar las consecuencias de la reincidencia.

Referencias bibliográficas

Bakker, L.; Hudson, S.; Wales, D. y Riley, D. (1998): *An evaluation of the Kia Marama Treatment Programme for Child Molesters*, Christchurch - Nueva Zelanda, Departamento de Justicia de Nueva Zelanda.
Barbaree, H. E. (1997): «Evaluating treatment efficacy with sexual offenders: The insensitivity of recidivism studies to treatment effect», *Sexual Abuse: A Journal of Research and Treatment*, 9, pp. 111-129.
Bond, I. K. y Evans, D. R. (1967): «Avoidance therapy: Its use in two cases of underwear fetishism», *Canadian Medical Association Journal*, 96, pp. 1160-1162.
Borduin, C. M.; Henggeler, S. W.; Blaske, D. M. y Stein, R. J. (1990): «Multi-systemic treatment of adolescent sexual offenders», *International Journal of Offender Therapy and Comparative Criminology*, 34, pp. 105-113.
Bradford, J. M. W. (1990): «The antiandrogen and hormonal treatment of sex offenders», en W. L. Marshall, D. R. Laws y H. E. Barbaree (eds.), *Handbook of sexual assault: Issues, theories, and treatment of the offender*, New York, Plenum Press, pp. 297-310.

Bradford, J. M. W. y Greenberg, D. M. (1998): «Treatment of adult male sexual offenders in a psychiatric setting: Sexual Behaviours Clinic, Royal Ottawa Hospital», en W. L. Marshall, Y. M. Fernández, S. M. Hudson y T. Ward (eds.), *Sourcebook of treatment programs for sexual offenders*, New York, Plenum Press, pp. 247-256.

Bradford, J. M. W. y Pawlak, A. (1993): «The effects of cyproterone acetate on sexual arousal patterns of pedophiles», *Archives of Sexual Behavior*, 22, pp. 629-641.

Bumby, K. M.; Langton, C. M. y Marshall, W. L. (en prensa): «Shame and guilt, and their relevance for sexual offender treatment», en B. K. Schwartz y H. R. Cellini (eds.), *The sex offender* (vol. 3), Kingston, NJ, Civic Research Institute.

Burt, M. R. (1980): «Cultural myths and supports for rape», *Journal of Personality and Social Psychology*, 38, pp. 217-230.

Ciliska, D. (1990): *Beyond dieting - psychoeducational interventions for chronically obese women: A non-dieting approach*, New York, Brunner/Mazel.

Fernández, Y. M.; Marshall, W. L.; Lightbody, S. y O'Sullivan, C. (1999): «The Child Molester Empathy Measure», *Sexual Abuse: A Journal of Research and Treatment*, 11, pp. 17-31.

Furby, L.; Weinrott, M. R. y Blackshaw, L. (1989): «Sex offenders recidivism: A review», *Psychological Bulletin*, 105, pp. 3-30.

Greenberg, D. M. y Bradford, J. M. W. (1997): «Treatment of the paraphilic disorders: A review of the role of the selective serotonin reuptake inhibitors», *Sexual Abuse: A Journal of Research and Treatment*, 9, pp. 349-360.

Hanson, R. K.; Gizzarelli, R. y Scott, H. (1994): «The attitudes of incest offenders: Sexual entitlement and acceptance of sex with children», *Criminal Justice and Behavior*, 21, pp. 187-202.

Hanson, R. K.; Steffy, R. A. y Gauthier, R. (1993): «Long-term recidivism of child molesters», *Journal of Consulting and Clinical Psychology*, 61, pp. 646-652.

Heatherton, T. F. y Polivy, J. (1991): «Development and validation of a scale for measuring self-esteem», *Journal of Personality and Social Psychology*, 60, pp. 895-910.

Howells, K. (1979): «Some meanings of children for pedophiles», en M. Cook y G. Wilson (eds.), *Love and attraction: An international conference*, Oxford, Pergamon Press, pp. 519-526.

Hunter, J. A. y Goodwin, D. W. (1992): «The utility of satiation therapy in the treatment of juvenile sexual offenders: Variations and efficacy», *Annals of Sex Research*, 5, pp. 71-80.

Jenkins-Hall, K. D. (1989): «Cognitive restructuring», en D. R. Laws (ed.), *Relapse prevention with sex offenders*, New York, Guilford Press, pp. 207-215.

Johnston, P.; Hudson, S. M. y Marshall, W. L. (1992): «The effects of masturbatory reconditioning with nonfamilial child molesters», *Behaviour Research and Therapy*, 30, pp. 559-561.

Laws, D. R. (ed.) (1989): *Relapse prevention with sex offenders*, New York, Guilford Press.

Laws, D. R. y Marshall, W. L. (1991): «Masturbatory reconditioning with sexual deviates: An evaluative review», *Advances in Behaviour Research and Therapy*, 13, pp. 13-25.

Looman, J.; Abracen, J. y Nicholiachuk T. (1998): *Recidivism among treated sexual offenders a matched controls: Data from the Regional Treatment Centre* (Ontario), entregado para su publicación.

Maletzky, B. M. (1985): «Orgasmic reconditioning», en A. S. Bellack y M. Hersen (eds.), *Dictionary of behavior therapy techniques*, Nueva York, Pergamon Press, pp. 157-158.

Marlatt, G. A. y Gordon, J. R. (1985): *Relapse prevention: Maintenance strategies in the treatment of addictive behaviors*, New York, Guilford Press.

Marques, J. K. (1984): *An innovative treatment program*

for sex offenders: Report to the Legislature, Sacramento CA, California Department of Mental Health.

— (marzo 1982): *Relapse prevention: A self-control model for the treatment of sex offenders*, ponencia presentada en la 7th Annual Forensic Mental Health Conference, Asilomar, CA.

Marshall, W. L. (1979): «Satiation therapy: A procedure for reducing deviant sexual arousal», *Journal of Applied Behavioral Analysis*, 12, pp. 10-22.

— (febrero 1986): *Conceptualization issues in assessing a treatment program for child molesters*, ponencia presentada en la U.S. National Institute of Mental Health Conference on the Assessment and Treatment of Sexual Offenders, Tampa, FL.

— (1992): «The social value of treatment for sexual offenders», *Canadian Journal of Human Sexuality*, 1, pp. 109-114.

— (1994): «Treatment effects on denial and minimization in incarcerated sex offenders», *Behaviour Research and Therapy*, 32, pp. 559-564.

— (1996*a*): «The sexual offender: Monster, victim, or everyman», *Sexual Abuse: A Journal of Research and Treatment*, 8, pp. 646-652.

— (1996*b*): «Assesment, treatment, and theorizing about sex offenders: Developments over the past 20 years and future directions», *Criminal Justice and Behavior*, 23, pp 162-199.

— (1997): «The relationship between self-esteem and deviant sexual arousal in nonfamilial child molesters», *Behavior Modification*, 21, pp. 86-96.

Marshall, W. L. y Anderson, D. (1996): «An evaluation of the benefits of relapse prevention programs with sexual offenders», *Sexual Abuse: A Journal of Research and Treatment*, 8, pp. 209-221.

— (en prensa): «Do relapse prevention components enhance treatment effectiveness?», en D. R. Laws, S. M. Hudson y T. Ward (eds.), *Remaking relapse prevention with sex offenders: A sourcebook*, Newbury Park, CA, Sage Publications.

Marshall, W. L. y Barbaree, H. E. (1991): «The long-term evaluation of a behavioral treatment program for child molesters», *Behavior Research and Therapy*, 26, pp. 499-511.

Marshall, W. L. y Christie, M. M. (1982): «The enhancement of social self-esteem», *Canadian Counsellor*, 16, pp. 82-89.

Marshall, W. L. y Pithers, W. D. (1994): «A reconsideration of treatment outcome with sex offenders», *Criminal Justice and Behavior*, 21, pp. 10-27.

Marshall, W. L. y Williams, S. (1999): *Assesment and treatment of sexual offenders. Report to Research Department*, Correctional Services of Canada, Ottawa.

Marshall, W. L.; Anderson, D. y Fernández, Y. M. (1999): *Cognitive behavioural treatment of sexual offenders*, London, John Wiley & Sons.

Marshall, W. L.; Bryce, P.; Hudson, S. M.; Ward, T. y Moth, B. (1996): «The enhancement of intimacy and the reduction of loneliness among child molesters», *Journal of Family Violence*, 11, pp. 219-235.

Marshall, W. L.; Champagne, F.; Sturgeon, C. y Bryce, P. (1997): «Increasing the self-esteem of child molesters», *Sexual Abuse: A Journal of Research and Treatment*, 9, pp. 321-333.

Marshall, W. L.; Eccles, A. y Barbaree, H. E. (1991): «Treatment of exhibicionist: A focus on sexual deviance versus cognitive and relationship features», *Behavior Research and Therapy*, 29, pp. 129-135.

Marshall, W. L.; Hudson, S. M.; Jones, R. y Fernández, Y. M. (1993): «Empathy in sex offenders», *Clinical Psychology Review*, 15, pp. 99-113.

Marshall, W. L.; O'Sullivan, C. y Fernández, Y. M. (1996): «The enhancement of victim empathy among incarcerated child molesters», *Legal and Criminological Psychology*, 1, pp. 95-102

Marshall, W. L.; Ward, T.; Jones, R.; Johnston, P. y Barbaree, H. E. (1991): «An optimistic evaluation of treatment outcome with sex offenders», *Violence update March*, 1-8.

Miller, W. R. (1983): «Motivational interviewing with problem drinkers», *Behavioral Psychotherapy*, 1, pp. 147-172.

Nicholaichuk, T.; Gordon, A.; Andre, G.; Gu, D. y Wong, S. (1998): *Outcome of the Clearwater Sex Offender Treatment Program: a matched comparison between treated and untreated offenders*, entregado para su publicación.

Prentky, R. A. y Bergess, A. W. (1990): «Rehabilitation of child molesters: A cost-benefit analysis», *American Journal of Orthopsychiatry*, 60, pp. 80-117.

Proulx, J.; Ouiment, M.; Pellerin, B., Paradis, Y.; McKibben, A. y Aubut, J. (1998): *Posttreatment recidivism in sexual agressors*, entregado para su publicación.

Quinsey, V. L. y Earls, C. M. (1990): «The modification of sexual preferences», en W. L. Marshall, D. R. Laws y H. E. Barbaree (eds.), *Handbook of sexual assault: Issues, theories, and treatment of the offender*, New York, Plenum Press, pp. 279-295.

Quinsey, V. L. y Marshall, W. L. (1983): «Procedures for reducing inappropriate sexual arousal: An evaluation review», en J. G. Greer y I. R. Stuart (eds.), *The sexual aggressor: Current perspectives on treatment*, New York, Van Nostrand Reinhold, pp. 267-289.

Quinsey, V. L.; Harris, G. T.; Rice, M. E. y Lalumière, M. L. (1993): «Assessing treatment efficacy in outcome studies of sex offenders», *Journal of Interpersonal Violence*, 8, pp. 512-533.

Quinsey, V. L.; Khanna, A. y Malcolm, B. (agosto de 1996): *A retrospective evaluation of RTC Sex Offender Treatment Program*, ponencia presentada en el World Congress of Psychology, Montreal.

Quinsey, V. L.; Khanna, A. y Malcolm, P. B. (1998): «A retrospective evaluation of the Regional Treatment Centre Sex offender Treatment program», *Journal of Inter personal Violence*, 13, pp. 621-644.

Record, S. A. (1977): *Personality, sexual attitudes and behavior of sex offenders*, tesis doctoral no publicada, Queen's University, Kingston, Ontario, Canada.

Rice, M. E.; Quinsey, V. L. y Harris, G. T. (1991): «Sexual recidivism among child molesters released from maximum security psychiatric institution», *Journal of Consulting and Clinical Psychology*, 56, pp. 381-386.

Rodin, J.; Elias, M.; Silberstein, L. R. y Wagner, A. (1988): «Combined behavioral and pharmacologic treatment for obesity: Predictors of successful weight maintenance», *Journal of Consulting and Clinical Psychology*, 56, pp. 399-404.

Ward, T.; Hudson, S. M.; Johnston, L. y Marshall, W. L. (1997): «Cognitive distortions in sex offenders: An integrative review», *Clinical Psychology Review*, 17, pp. 479-507.

Willis, T. A. (1981): «Downward comparison principles in social psychology», *Psychological Bulletin*, 90, pp. 245-271.

Worling, J. y Curwen, T. (1998): *The adolescent sexual offender project: a 10-year follow-up study*, informe sobre el programa SAFE-T del Thisletown Regional Centre for the Children and Adolescents de Toronto, Ontario Ministry of Community and Social Services.

ÍNDICE

Impreso en el mes de abril de 2001
en Domingraf S. L.
Mollet del Vallès
(Barcelona)